So genießt Südtirol

Heinrich Gasteiger
Gerhard Wieser
Helmut Bachmann

33X Spargel

VERLAGSANSTALT ATHESIA | BOZEN

Mit freundlicher Unterstützung von DESPAR

LIEBE LESERIN, LIEBER LESER!

Wir freuen uns, dass Sie sich für ein Buch der »So genießt Südtirol«-Kochbuchreihe entschieden haben. Um in Zukunft noch besser auf Ihre Wünsche eingehen zu können, ist uns Ihre Meinung wichtig. Bitte senden Sie uns Ihre Anregungen, Ihre Kritik, Ihr Lob und auch Ihre Fragen zu unseren Büchern. Wir freuen uns auf Ihre Nachricht!
Fax +39 0471 976854 · info@so-kocht-suedtirol.it · www.so-kocht-suedtirol.it

BIBLIOGRAFISCHE INFORMATION DER DEUTSCHEN NATIONALBIBLIOTHEK

Die Deutsche Nationalbibliothek verzeichnet diese Publikation in der Deutschen Nationalbibliografie; detaillierte bibliografische Daten sind im Internet abrufbar: http://dnb.d-nb.de

UMSCHLAGBILDER

Titelbild: Weißer Spargel · Rückseite: Spargel mit Bozner Sauce und Gratinierter Spargel mit Mozzarella

BILDNACHWEIS

Jahreszeiten Verlag / Heino Banderob: Seite 7 (2. und 4. Bild)
Daniela Kofler: Seite 6, 8, 25, 27, 29, 43, 49, 51, 65
Egon Mark: Seite 13
Klaus Arras: Titelbild
Alle übrigen Aufnahmen stammen von Simone Zöggeler, www.dariz.com

IMPRESSUM

2009

Lektorat: Klaus Innerhofer & Helga Taschler
Umschlaggestaltung: ganeshGraphics, Lana
Design & Satz: Athesiaverlag, Ulrike Teutsch
Druck: Athesiadruck, Bozen

ISBN 978-88-8266-535-7

www.athesiabuch.it
buchverlag@athesia.it

Ein Gruß aus unserer Genießerküche

Endlich Spargelzeit!

Spargel wird gemeinhin als königliches Gemüse bezeichnet. Wir glauben, dass der Spargel diesem Adelstitel gerecht wird, und widmen ihm daher ein eigenes Buch. Echte Kenner fiebern jedes Jahr der Spargelsaison entgegen, die Mitte April ihren Anfang nimmt. Am liebsten würden sie das köstliche Gemüse jeden Tag auf den Tisch bringen: ob klassisch mit zerlassener Butter, Brösel und Parmesan, kombiniert mit Fleisch, Fisch oder mit Bozner Sauce, neuen Kartoffeln und Beinschinken, als Salat oder sogar als Dessert. Egal für welche Art der Zubereitung Sie sich entscheiden, eines ist gewiss: Spargel spielt hier immer die Hauptrolle. Dabei ist er mit nur 17 Kilokalorien pro 100 Gramm nicht nur äußerlich ein schlankes Gemüse, sondern mit seiner entschlackenden Wirkung sogar ideal für die schlanke Linie.
Wir hoffen, mit diesem Buch unser Ziel zu erreichen, nämlich Ihnen die Möglichkeit zu bieten, den Spargel auch zu Hause zu genießen. Es soll Ihnen zeigen, wie vielseitig Spargel in der Küche verarbeitet werden kann. Lassen Sie doch Ihrer Phantasie und Ihrem Einfallsreichtum freien Lauf und geben Sie den Spargelgerichten den letzten Schliff, frei nach Ihrem Geschmack. Wie bei allen unseren Kochbüchern haben wir jedes einzelne Rezept für Sie getestet – ein Gelingen ist damit garantiert.
Jetzt wünschen wir Ihnen viel Freude mit der neuen Kochbuchreihe. Aus unserer langjährigen Erfahrung wissen wir, was vielen versierten, aber auch weniger geübten Hobbyköchen an Fragen buchstäblich auf der Zunge liegt. Wir sind davon überzeugt, dass dieses Buch Ihren Wissenshunger stillen und Antworten auf die allermeisten Fragen geben kann!
Viel Spaß beim Ausprobieren und guten Appetit wünschen die Autoren

Helmut Bachmann

Gerhard Wieser

Heinrich Gasteiger

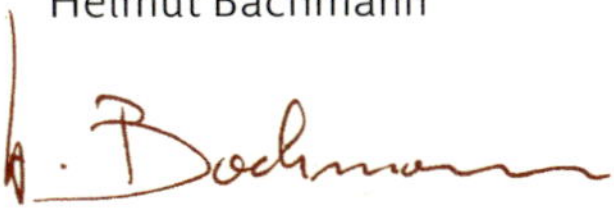

Inhalt

Spargel – einfach Spitze!

Der Spargel muss in einem ganz bestimmten Zustand sein, damit er die hohen Erwartungen auch erfüllt. **Er muss frischer sein als frisch.** Am besten schmeckt er, wenn er vom Spargelfeld aus dem Dunkel der Erde ohne Umwege in den Topf kommt. Deshalb machen es wahre Genießer richtig, wenn sie sich Jahr für Jahr dorthin begeben, wo das begehrte Gemüse wächst. Wer Spargel kauft, muss unbedingt auf Folgendes achten: Die Schnittstellen dürfen noch nicht angetrocknet oder gar eingeschrumpft sein. Zögern Sie nicht, vor dem Kauf die Probe zu machen. Es muss noch Wasser herausquellen und angenehm riechen, dann ist der Spargel frisch! Mit jedem Tag verliert er mehr von seinem Saft und Geschmack. Dadurch wird er zäh und holzig. Die zweite wichtige Voraussetzung ist, dass er sorgfältig geschält wird. Frisch gestochenen und fachmännisch gekühlten Spargel braucht man weniger zu schälen, da sich noch nicht viel Faserung gebildet hat.

Inhaltsstoffe

Die Beliebtheit des Spargels ist ungebrochen, was nicht allein am Geschmack, sondern auch am Nährwert liegen mag. Spargel ist sehr kalorienarm, hat dafür viele **Ballaststoffe,** reichlich **Vitamin A,** B-Komplex und C, außerdem **Mineralstoffe,** davon besonders viel Eisen, aber auch Kalium, Phosphor, Kalzium und Jod. Interessanter Inhaltsstoff ist das Asparagin, eine Aminosäure, die äußerst wichtig im Harnstoffzyklus ist und sich im Bad mit dem typischen Geruch bemerkbar macht. Dass dieser Geruch schon etwa eine halbe Stunde nach dem Spargelessen auftritt, erklärt, wie enorm dieser Wirkstoff die Nieren anregt.

Der grüne Spargel enthält mehr Vitamine, mehr Asparagin und vor allem mehr **Chlorophyll.** ACHTUNG: Chronisch Nierenkranke dürfen ihn nicht essen, weil er die Nieren reizt!

Herkunft und Anbau

Der Spargel gilt als Frühlingsbote. Essbar sind die jungen Triebe oder Sprossen, die je nach Sorte und Art des Anbaues Farbabstufungen von *Weiß* über *Violett* bis *Grün* aufweisen. Grüner Spargel verfärbt sich im Sonnenlicht. Spargel braucht wasserdurchlässige, leicht erwärmbare Böden und gemäßigtes Klima. Im Frühjahr treibt er aus dem unterirdischen Wurzelstock mit dichten Wurzelfasern fleischige Stangen nach oben. Die Spargelpflanze treibt erst bei einer Bodentemperatur über 10 Grad Celsius, ideal sind 20 Grad, wobei eigene Folien zur Beeinflussung der Temperatur über das Feld gespannt werden.

Frisch gestochener Spargel

Saison

Die mitteleuropäische Spargelsaison beginnt Mitte April und dauert bis Ende Juni. Der Spargel wird jeden Tag gestochen, leichte Risse in der Erdkruste zeigen an, dass der Spargelkopf die Erde schon anhebt. Im *Unterland*, *Bozner* und *Terlaner Raum* sowie im *Burggrafenamt* und im unteren *Vinschgau* wird der weiße Spargel je nach Witterung von Anfang April bis Ende Mai geerntet, danach lässt man die Pflanzen wachsen, damit sie auch im nächsten Jahr wieder kräftig treiben und aromatische Stangen hervorbringen. Die europäischen Länder Italien (hauptsächlich Veneto), Spanien oder Frankreich liefern Spargel von Anfang Februar bis Ende Juni.

Terlaner Spargel

Dieser originale Terlaner Spargel trägt den fürstlichen Namen »Margarete«, nach Margarete Maultasch, der letzten Regentin Tirols, die mit Vorliebe auf Schloss Neuhaus bei Terlan weilte. Auf den sandigen Böden entlang der Etsch entfaltet der Spargel seine schneeweiße Farbe und den unverkennbar feinen Geschmack.

Spargelsorten

Das Sonnenlicht bestimmt die Farbe. Zwischen Weiß, Violett und Grün können Spargelliebhaber vornehmlich wählen. Die Farbe ist nicht nur von der Sorte abhängig, sondern auch von der Anbaumethode. Es gibt mehr als 20 Sorten, die sich durch Farbe und Dicke unterscheiden. Den ausgeprägtesten Geschmack hat sicher der sehr dünne, sogenannte wilde Spargel oder Feldspargel, ein Wolfsmilchgewächs, das im Frühjahr wild an der italienischen Küste und auch in Südtirol wächst.

Weißer Spargel

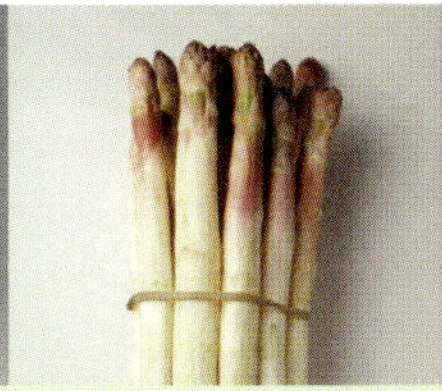
Violetter Spargel

Grüner Spargel

Wildspargel

Thaispargel

Weißer Spargel

Der begehrte weiße Spargel (Bleichspargel) behält seine Blässe, da er ohne Sonnenlicht unter Erdwällen und unter lichtabweisenden Folien wächst. Die Stangen werden geerntet, wenn der Kopf die Erdkruste leicht anhebt. EINKAUF: Frischen weißen Spargel erkennen Sie an den saftigen, unverfärbten Schnittstellen. Er schmeckt sehr mild. Importierter Spargel ist ganzjährig erhältlich, muss behandelt werden und verliert durch den langen Transport an Geschmack und frischem Aussehen.

Violetter Spargel

Auch der violette Spargel gedeiht im Boden, wird aber gestochen, wenn sein Kopf die Oberfläche schon leicht durchbrochen hat. Durch natürliche Pflanzenfarbstoffe, die Anthozyane, färben sich die Spargelspitzen im Tageslicht violett.
EINKAUF: Frischen violetten Spargel erkennen Sie wie den weißen Spargel an den saftigen, unverfärbten Schnittstellen. Er schmeckt etwas würzig bis leicht bitter.

Grüner Spargel

Grüner Spargel wächst über der Erde und wird je nach Herkunftsland und Züchtung in verschiedenen Stärken und Längen angeboten. Er wird ohne Erdwälle angebaut und verfärbt sich im Sonnenlicht grün. Der grüne Spargel schmeckt leicht nach Erbsen. Er wird nur im unteren Viertel geschält. Bei stärkeren Stangen schält man die untere Hälfte, die holzigen Enden werden abgeschnitten.
EINKAUF: Frischen grünen Spargel erkennen Sie wie den weißen Spargel an den unverfärbten Schnittstellen. Er schmeckt sehr aromatisch und würzig. Allgemein ist der grüne Spargel preiswerter, weil er mit weniger Aufwand geerntet werden kann.

Wildspargel

Der Wildspargel gehört eigentlich nicht zur Familie der Spargelgewächse, sondern zu den Wolfsmilchgewächsen; in manchen Gegenden wird er auch *Waldspargel* oder *Feldrapunzel* genannt. Er hat einen sehr dünnen, aufrechten Stängel mit herzförmigen Blättern. Die grünen, noch geschlossenen Blütenknospen können ab März geerntet werden. Wildspargel wächst im Wald, im feuchten Unterholz in Laub- und Eichenwäldern.
EINKAUF: Feinschmecker schätzen die kurzen grünen Stangen mit den trauben-

förmigen Köpfen. Er ist im Geschmack ausgeprägter und würziger als grüner und weißer Spargel, mit einem leicht bitteren Nachgeschmack. Mittlerweile ist auch kultivierter Wildspargel erhältlich.

Weißer Spargel mit Bröselbutter und Kresse

Thaispargel

Thaispargel wird hauptsächlich rund um Thailands Hauptstadt Bangkok angepflanzt und sieht aus wie eine Mischung aus grünem und Wildspargel.

Verwendung

Der Spargel kann roh, gedämpft, gedünstet oder gekocht, gebraten und gegrillt gegessen werden:

- als Vorspeise mit Vinaigrette oder Mayonnaisesaucen, Mousse, als Salat mit Löwenzahn, mit Schinken oder Früchten kombiniert;
- als klare oder gebundene Suppe;
- als warme Vorspeise zu Pasta, im Risotto und als Wokgericht;
- als Solospargel mit Butterbrösel, Bozner Sauce oder Sauce Hollandaise;
- als Beilage zu Hauptspeisen mit Geflügel, Kalbfleisch, Rindsfilet, aber auch zu Fisch und Krustentieren;
- sogar als Dessert wie Spargeleis oder Spargelgratin.

Handelsklassen

Für die verschiedenen Handelssorten weiß, grün oder violett gelten besondere Richtlinien, die von der EU festgelegt wurden. Es gibt drei Handelsklassen, nach denen die Spargelstangen sortiert werden. Geschmacklich ist übrigens kein Unterschied zwischen den verschiedenen Handelsklassen festzustellen.

Handelsklasse »Extra« oder 1a: Hierzu gehören gerade, unbeschädigte Stangen, die gleichmäßig lang und dick sind.

Handelsklasse 1b: In diese Klasse werden Stangen sortiert, die leicht gebogen sind.

Handelsklasse II: Alle weniger geraden Stangen mit leicht geöffneten Köpfen.

Bruch- und Brechspargel: So wird der Spargel bezeichnet, der beim Stechen abbricht.

Für die Qualitätsprüfung zwei Stangen aneinander reiben: Quietschen sie, ist der Spargel frisch.

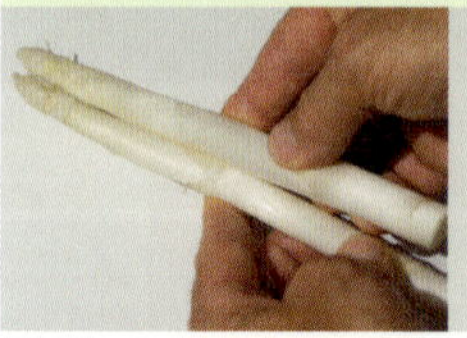

Als Frische-Check können Sie das Stangenende leicht eindrücken. Dabei sollte Flüssigkeit austreten.

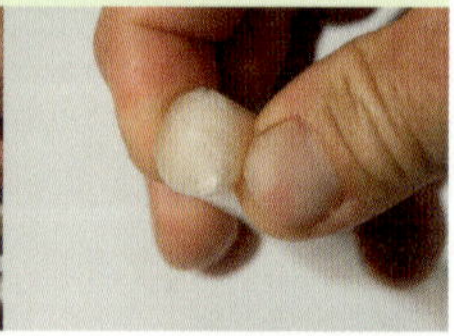

QUALITÄTSMÄNGEL

- Sehr dünner weißer Spargel stammt oft von alten Pflanzen.
- Stangen, die sich zum Ende hin verjüngen, sind holzig und innen meist hohl.
- Grünspargel mit sehr dünnen Stangen wurde zu spät geerntet.
- Geschmacklich besteht kein Unterschied zwischen dicken und dünnen Stangen.
- Bitterer Spargel entsteht durch zu hohe Temperaturen im Damm.
- Holzig wird Spargel durch zu langsames Wachsen im kalten Frühjahr oder durch falsche Lagerung.

Sie können den Spargel auch mit einem kleinen Küchenmesser anstatt mit dem Sparschäler schälen.

Frische-Check

Mit einem Frische-Check lässt sich die Qualität überprüfen. Wählen Sie Spargel ohne vertrocknete Enden. Die Spargelenden dürfen nicht hohl, bräunlich oder verfärbt sein. Die Schnittstellen sollten sich saftig und feucht anfühlen und den Stangen muss ein frischer, angenehmer Duft entströmen. Die Stangen sollten fest und prall sein und brechen, wenn man sie biegt.

Lagerung/Aufbewahrung

»Morgens gestochen, mittags verzehrt«, so heißt die Devise für höchsten Spargelgenuss. Dieser Idealfall wird oft nicht möglich sein. Beim Einkauf sollte aber besonders auf erntefrische Ware geachtet werden. Spargel aus der Region bietet hier dank kurzer Transportwege einen großen Vorteil.

Spargel einfrieren: Wer die Saison über die Spargelzeit hinaus verlängern möchte, kann den Spargel auch einfrieren. Dazu den Spargel schälen, das ist ganz wichtig, andernfalls werden die Stangen nach dem Auftauen zäh und faserig. Anschließend die geschälten Stangen ganz oder in Stücke geschnitten in einem Gefrierbeutel oder Behälter einfrieren. Bei Bedarf kann der Spargel aus dem Tiefkühlfach entnommen und unaufgetaut direkt ins kochende Wasser gegeben werden. Die Garzeit verkürzt sich im Vergleich zum frischen Spargel um etwa 5 Minuten.

Spargel garen

Eine Faustregel für die Garzeiten besagt, dass weiße Stangen – je nach Dicke – etwa 15 bis 20 Minuten, grüne Spargel etwa 6 bis 8 Minuten benötigen, um weich zu sein.

Das Edelgemüse lässt sich kurzfristig lagern: ungeschält in ein feuchtes Küchentuch wickeln und ins Gemüsefach oder in einer Lagerbox in den Kühlschrank legen, maximal 2 bis 3 Tage.

Kochen Dämpfen In der Folie garen Braten Grillen in der Folie

Ob Sie die Stangen bissfest garen oder ganz weich kochen, bleibt Ihnen überlassen. Zu beachten ist allenfalls, dass bei längerer Garzeit mehr Inhaltsstoffe ins Kochwasser verloren gehen.

Kochen

KOCHMETHODE 1: Reichlich Salzwasser zum Sieden bringen und eine Prise Zucker beifügen. Den Spargel einlegen, nasse reine Serviette oder Krepppapier darauflegen, aufkochen und dann leicht köcheln lassen.

KOCHMETHODE 2: Den Spargel in den Korb eines Spargeltopfes stehend einordnen (siehe Seite 13), Salzwasser zum Kochen bringen, Zucker und eventuell eine Semmel beigeben. Den Spargelkorb einhängen, mit Wasser zugedeckt aufkochen und leicht sieden lassen. Nach halber Kochzeit eventuell Wasser auffüllen.

Dämpfen: Ganze Stangen oder Spargelstücke in einem Dampfeinsatz liegend zugedeckt über Spargelbrühe oder kochendem Salzwasser garen. Oder die Stangen stehend im Spargeltopf dämpfen.

In der Folie garen: Stangen portionsweise auf doppelte Lagen Alufolie legen. Butterstückchen und Rosmarin beigeben, mit Salz und Pfeffer würzen, Folie sorgfältig verschließen, auf ein Backblech setzen und im Backofen garen.

Braten: Geschälten Stangenspargel im Ganzen, in Stücke oder in Scheiben geschnitten in einer Pfanne oder einem Wok mit etwas Olivenöl oder/und Butter unter gelegentlichem Wenden rundum goldgelb braten.

Grillen: Ganze Stangen oder Spargelstücke auf ein Backblech mit eingeölter Alufolie legen, mit etwas Olivenöl oder Butter bestreichen, salzen und pfeffern und auf dem vorgeheizten Grill langsam garen.

Links: Originale Bozner Sauce
Rechts: Bozner Sauce mit Mayonnaise zubereitet

TIPPS

- Wenn man beim Spargelkochen etwas Butter zufügt, wird das Gemüse etwas aromatischer als beim bloßen Kochen im Salzwasser.
- Man kann auch aus den Spargelschalen und den abgeschnittenen Enden eine Brühe (einen Sud) kochen (etwa 20 Minuten) und darin den Spargel garen.
- Zucker kann eventuell vorhandene Bitterstoffe mindern. Besonders beim Grünspargel, der mehr Bitterstoffe enthält, empfiehlt sich die Beigabe einer Prise Zucker.
- Zitronensaft in der Brühe verdirbt das feine Spargelaroma. Wer den Spargel schneeweiß haben will, kann allerdings etwas Zitronensaft beigeben.

Spargelbrühe

Spargelschalen sollten Sie nicht wegwerfen, denn davon können Sie eine Brühe (einen Sud) kochen. Daraus wird dann zum Beispiel eine köstliche Spargelcremesuppe oder die Brühe kann für einen Risotto oder zum Garen der Spargel verwendet werden. Für die Brühe Spargelschalen und Spargelenden gut mit Wasser bedecken, zum Kochen bringen, 20 Minuten köcheln lassen und durch ein Sieb gießen.

Saucen zu Spargel

ORIGINALE BOZNER SAUCE: Sie ist eine Kreation von Bozner Bürgern, für die in Zeiten nach dem Ersten Weltkrieg ein Spargelausflug nach Terlan zum guten Ton gehörte. Sie ließen sich hart gekochte Eier und geschnittenen Schnittlauch bringen und bereiteten die Sauce am Tisch zu: Die hart gekochten Eier werden klein gehackt oder zerdrückt und mit Öl, Weißweinessig und etwas Salz gewürzt. Fein geschnittener Schnittlauch wird untergemischt. Für die originale Bozner Sauce wird keine Mayonnaise verwendet.

SAUCE HOLLANDAISE: Eine gelungene Hollandaise ist appetitlich gelb, feinherb und glatt – von der Konsistenz her ähnelt sie einer warmen Mayonnaise. Sie ist die perfekte Ergänzung für Spargel, pochierten Fisch oder Gemüse und Eiergerichte. Die Hollandaise kann vielfältig abgewandelt werden: Brunnenkressesauce, Senfsauce, Sauce noisette, Sauce mousseline, Sauce maltaise.

Schinken und Speck zu Spargel

Schinken wird seit jeher in vielen Ländern der Erde produziert. Ob geräuchert, gekocht oder getrocknet, Schinken ist überall dort ein wichtiges Lebensmittel, wo das Schwein als Fleischlieferant eine dominante Rolle spielt. Ursprünglich ging es darum, eine Schweinskeule möglichst lange haltbar zu machen. Heute ist ein guter Schinken speziell auch zu Spargel ein Genuss.

[1] **Gekochter Beinschinken** (siehe Seite 12): Der Schinken (Schlegel) überzeugt durch seine schöne Farbe, ist wunderbar zart und saftig, weil mit Knochen gegart.

[2] **San Daniele, Parmaschinken** (siehe Seite 12): Der italienische San Daniele ist einer der feinsten unter den luftgetrockneten Schinken. Jeder Schinken wird geprüft, bevor er das Gütesiegel erhält. Und auch der

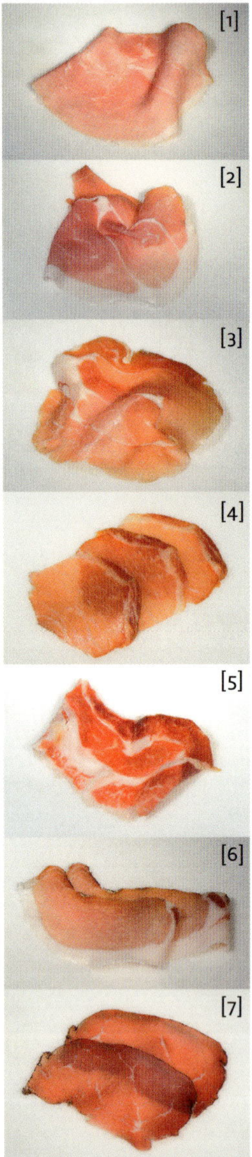

Parmaschinken bekommt sein Brandsiegel (eine fünfzackige Herzogskrone) nicht ohne vorherige Qualitätsprüfung.

[3] **Culatello:** Der mildaromatische Culatello wird in der norditalienischen Poebene hergestellt. Ausgangsprodukt ist das Kernstück der entbeinten Schweinskeule. Diese wird in Meersalz eingerieben, in eine Haut aus Naturdarm gesteckt und in Form gebunden, bevor sich die mehrmonatige Reifung, im längsten Fall bis zu zwei Jahren, schließt.

[4] **Serranoschinken:** Serranoschinken wird in der klaren Bergluft der Gebirgsregion Andalusiens getrocknet. Dieser spanische Schinken wird unter strengen Qualitätsanforderungen ausschließlich aus den Keulen bestimmter weißer Schweinerassen hergestellt.

[5] **Pata-Negra-Schinken:** Dieser Schinken wird aus dem schwarzen iberischen Schwein hergestellt. Weil iberische Schweine meist eine schwarze Klaue haben, nennt man den Schinken auch Jamòn de Pata Negra (Schinken von der schwarzen Klaue).
Dieser Schinken wird mit Salz eingerieben, danach reift er viele Monate in kühlen Kellern. Je nach Güteklasse beträgt die Reife- und Trockenzeit zwischen 12 und 38 Monaten.

Hinweis: Pata-Negra-Schinken ist nicht identisch mit dem qualitativ nicht so ganz hochwertigen und in der Regel von normalen hellhäutigen Hausschweinen stammenden Serranoschinken.

[6] **Südtiroler Speck:** Dieser Schinkenspeck mit dem typischen Aroma wird aus der Schweinskeule ohne Kaiserteil (Oberschale) und Knochen hergestellt. Nach dem Pökeln und der Kalträucherung muss er 22 Wochen reifen. Der Speck ist sehr würzig im Geschmack.

[7] **Bündner Fleisch:** Die Schweizer Spezialität aus den Hochtälern des Kantons Graubünden ist ein Rinderschinken aus der Keule, der nach alter Tradition der Bündner Bergbauern in einem Salzbad mit Gewürzen und Kräutern gepökelt und dann monatelang an der eisigen Bergluft getrocknet wird. Typisch sind seine rechteckige Form und ein sehr geringer Fettanteil.

Weitere Schinken, die hervorragend zu Spargel passen: Rindersaftschinken, Lammschinken, Wildschinken, Kräuterschinken, Lachsschinken.

Welcher Wein zum Spargel?

Weißwein ist und bleibt der ideale Begleiter zu den köstlichen Stangen. Aber auch hier hängt es maßgeblich von der Zubereitungsart und den Zutaten ab, welcher Wein zu welchem Spargel passt.

- Zu Spargel mit zerlassener Butter und Schinken passen trockene, frische Weißweine, unter anderem ein **Sauvignon blanc, Weißburgunder, Grüner Veltliner** oder **Chardonnay,** aber auch ein erdiger **Silvaner.**
- Empfehlenswert zu Spargel mit Sauce Hollandaise oder Bozner Sauce sind trockene, gereifte Weißweine. Das kann ein **Riesling** ebenso sein wie ein kräftiger **Weißburgunder, Ruländer** (Grauburgunder, Pinot Grigio) oder ein **Sauvignon.**
- Mit mediterran zubereiteten Spargelgerichten harmoniert ein kerniger **Riesling,** ein **Chardonnay** oder ein **Orvieto Classico** aus Italien.
- Spargel und Fisch, etwa gebratener Lachs, Saibling oder auch Lachsforelle, suchen gerne die Gesellschaft von **Riesling.** Mildere Zubereitungsarten, leicht pochiert mit delikater Sauce serviert, sind wiederum perfekte Partner zu **Silvaner** oder **Weißburgunder.**
- Zu einem Salat vom grünen Spargel passen ebenso ein **Sauvignon** wie auch ein **Silvaner.**
- Wer experimentierfreudig ist und keine Scheu vor ungewohnten Geschmacksnuancen hat, wählt zum (grünen) Spargel einen gut gekühlten **Rosé** oder einen **leichten Rotwein.**

Weißwein harmoniert hervorragend mit delikaten Spargelkreationen.

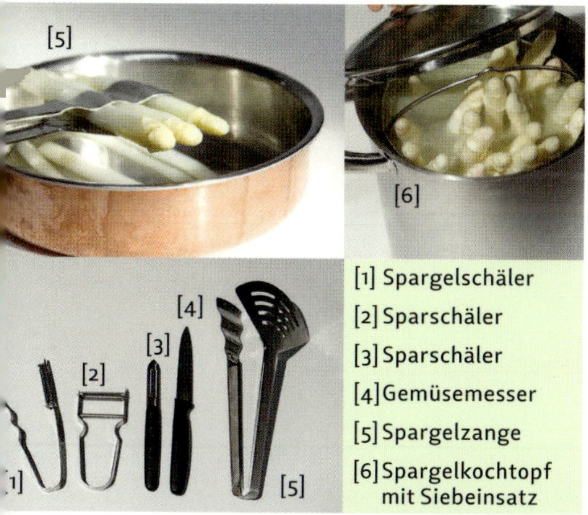

[1] Spargelschäler
[2] Sparschäler
[3] Sparschäler
[4] Gemüsemesser
[5] Spargelzange
[6] Spargelkochtopf mit Siebeinsatz

Werkzeug und Kochgeschirr

Der Handel bietet Werkzeuge und Geräte wie Spargelschäler, Sparschäler, Zangen, Messer, Spargelkochtöpfe zum Länglich-liegend-Garen oder zum aufrechten Garen an. Aber auch ein Gastronombehälter im Backofen oder eine große Auflaufform eignen sich zum Garen von größeren Mengen von Spargeln.

Spargel mit Bozner Sauce

FÜR 4 PERSONEN

Zutaten

2 kg	weißer Spargel
1 TL	Butter
1 Prise	Zucker
2 EL	Weißwein
	Salz

Bozner Sauce

2	Eier
1 TL	Senf
	Salz
	weißer Pfeffer aus der Mühle
2 EL	heiße Fleischsuppe oder Wasser
50 ml	Samenöl
1 TL	Weißweinessig
2 EL	Schnittlauch, fein geschnitten

Weiteres

Parmesan, gerieben
Schnittlauch, fein geschnitten
zerlassene Butter
gekochter Schinken

15–20 Minuten (je nach Stärke oder Dicke des Spargels)

Zubereitung

- Spargel vom Kopf weg mit einem Sparschäler (Spargelschäler) sorgfältig rundum schälen, dabei die Hand stützend unter den Spargel halten, damit er nicht bricht, oder den Spargel flach auf eine umgedrehte Glasschüssel legen und schälen.
- Spargelstangen nach Stärke ordnen und mit einem Messer die holzigen, angetrockneten Enden wegschneiden.
- Spargel eventuell portionsweise bündeln und mit einem Spagat zusammenbinden.
- Reichlich Salzwasser zum Kochen bringen, Butter, Zucker und Weißwein beigeben, Spargel einlegen und zugedeckt (weiße Serviette oder Krepppapier darauflegen, damit der Spargel vom Wasser bedeckt bleibt) kochen lassen.

Bozner Sauce

- Eier 7 Minuten kochen, in kaltem Wasser abschrecken, schälen und Eigelb vom Eiweiß trennen.
- In einer Schüssel Eigelb mit Senf, Salz und Pfeffer und heißer Fleischsuppe gut verrühren. Dann Samenöl langsam aber kräftig einrühren.
- Mit Weißweinessig würzen und Schnittlauch sowie das fein gehackte Eiweiß untermengen.

Fertigstellung

- Gekochten Spargel vorsichtig mit einer Backschaufel oder Spargelzange aus der Brühe heben, Spagat entfernen und den Spargel anrichten.
- Mit geriebenem Parmesan und Schnittlauch bestreuen, mit zerlassener Butter beträufeln und Bozner Sauce und Schinken dazuservieren.

TIPP

Servieren Sie Bröselbutter, Sauce Hollandaise, Kressesauce oder Schnittlauchkartoffeln dazu.

Spargelbaguette

FÜR ETWA 4 BAGUETTES,
ETWA 900 g TEIG

Teig

30 g	Hefe
300 ml	lauwarme Milch oder Wasser
50 ml	Olivenöl
15 g	Salz
1 EL	Zucker
500 g	Mehl
300 g	grüner Spargel, gekocht (siehe Seite 24)

Füllung

150 g	Räucherlachs
100 g	Salatgurken
8	Salatblätter
2 EL	Mayonnaise
1 EL	Dill

etwa 200 Grad
etwa 45 Minuten

Teig

- Hefe in lauwarmer Milch auflösen.
- Olivenöl, Salz und Zucker in einer Schüssel mit Mehl und aufgelöster Hefe zu einem glatten und geschmeidigen Teig verarbeiten.
- Den Teig mit einem Tuch zudecken und an einem warmen Ort 30 Minuten auf das doppelte Volumen aufgehen lassen.
- Den Teig nochmals kneten.
- Grünen Spargel in kleine Stücke schneiden und unter den Teig mischen.
- Den Teig in vier Stränge schneiden, zu Baguettes formen und mit einem scharfen Messer mehrmals schräg einschneiden.
- Auf ein Backblech legen, erneut zugedeckt 20 Minuten aufgehen lassen und im vorgeheizten Backrohr backen.

Fertigstellung

- Das Baguette längs halbieren, mit Räucherlachsscheiben, Salatgurkenscheiben und Blattsalaten füllen.
- Mit Mayonnaise und Dill würzen und servieren.

TIPPS

1. *Anstelle des Räucherlachses können Sie auch Rohschinken, gekochten Schinken, Thunfisch in Öl oder verschiedene Weichkäsesorten in das Spargelbaguette füllen.*
2. *Sie können auch Vollkornbrot-Baguette verwenden und als Füllung Scheiben von hart gekochten Eiern.*

Forellenfilet mit Spargel und Bozner-Sauce-Schaum

Für 4 Personen

Zutaten

4	Forellenfilets zu je 100 g
	Salz
1 EL	Butter
2 EL	Weißwein
400 g	weißer Spargel, gekocht (siehe Seite 14)
1 EL	Butter

Bozner-Sauce-Schaum

1	Ei
1	Eigelb
1 TL	Senf
	Salz
	weißer Pfeffer aus der Mühle
100 ml	heiße Fleischsuppe oder Wasser
30 ml	Olivenöl
1 TL	Weißweinessig
2 EL	Schnittlauch, fein geschnitten

Tomatenöl (50 ml)

1 EL getrocknete Tomaten und 1 EL Essiggurken, fein gehackt, mit 2 EL Olivenöl vermischen

Forellenfilets: 6 Minuten

Zubereitung

- Forellenfilets entgräten, zuschneiden und leicht salzen.
- Eine Pfanne mit etwas Butter ausstreichen, Filets hineinlegen, mit Weißwein übergießen, mit einem Deckel zudecken und am Herdrand etwa 6 Minuten ziehen lassen, ohne dass die Forelle Farbe bekommt.

Bozner-Sauce-Schaum

- Das Ei 7 Minuten kochen, in kaltem Wasser abschrecken und schälen; Eigelb vom Eiweiß trennen, fein hacken und für die Garnitur bereitstellen.
- In einer Stahlschüssel rohes Eigelb mit Senf, Salz, Pfeffer und heißer Fleischsuppe über dem heißen Wasserbad auf 80 Grad mit dem Schneebesen zu einem Schaum aufschlagen.
- Die Stahlschüssel vom Wasserbad wegnehmen und Olivenöl langsam einrühren.
- Mit Weißweinessig würzen und in die Espumaflasche füllen.

Fertigstellung

- Weißen Spargel in Stücke schneiden, in einer Pfanne mit etwas Butter erwärmen, salzen und dann auf die vorgewärmten Teller legen.
- Gegarte Forellenfilets darauflegen (mit der Hautseite nach oben) und die Haut abziehen.
- Aufgeschäumte Bozner Sauce auf die Forellenfilets aufspritzen, mit Schnittlauch und fein gehacktem Eigelb und Eiweiß bestreuen, mit Tomatenöl beträufeln und servieren.

TIPPS

1. *Anstelle der Forellen können Sie auch Saibling, Steinbutt, Lachs oder Garnelen verwenden.*
2. *Servieren Sie eine normale Bozner Sauce anstelle der aufgeschäumten Bozner Sauce.*
3. *Anstelle des Bozner-Sauce-Schaums können Sie die Filets mit zerlassener Butter servieren.*

Geeister Spargel mit Lachs und Seeteufel

FÜR 4 PERSONEN

Marinierte Fische

- 200 g Lachsfilet (Längsstück)
- 200 g Seeteufelfilet
- 3 EL Dill
- 1 Schalotte, in Streifen geschnitten
- 1 EL Zitronensaft
- 1 EL Weißweinessig
- 130 g Salz
- 50 g Zucker
- 2 Wacholderbeeren, zerdrückt

Weiteres

- 1 l Milch zum Einlegen der Fische
- 1 EL Olivenöl zum Bestreichen

Geeister Spargel

- 100 g weißer Spargel
- 100 g grüner Spargel
- 2 EL Zitronensaft
- 30 ml Olivenöl
- Salz
- Pfeffer aus der Mühle
- Dill und Rohnensprossen zum Garnieren

Marinierte Fische

- Lachs und Seeteufel etwas zurechtschneiden und in einen flachen Behälter legen.
- Dill und Schalotte auf die Filets geben und mit Zitronensaft und Weißweinessig beträufeln.
- Salz mit Zucker und Wacholderbeeren vermischen und auf das Lachsfilet streuen. Mit Klarsichtfolie verschließen und 12 Stunden kühl stellen.
- Dann die Kräuter entfernen und die Fische für 1 Stunde in die kalte Milch legen.
- Anschließend das Filet aus der Milch nehmen, mit einem Küchenkrepp gut trocknen, mit Olivenöl bestreichen und 12 Stunden kühl stellen.

Geeister Spargel

- Weißen und grünen Spargel schälen, die holzigen Enden abschneiden, dann mit der Aufschneidemaschine oder mit einem Sparschäler in hauchdünne Längsscheiben schneiden.
- Geschnittenen Spargel 15 Minuten in eine Schüssel mit Eiswürfeln und Wasser legen, dadurch werden die Spargelscheiben knackig und rollen sich auf.

Fertigstellung

- Die beiden Filets zusammen in eine Klarsichtfolie wickeln und im Tiefkühler leicht anfrieren lassen.
- Die leicht gefrorenen Fische mit der Aufschneidemaschine oder einem dünnen Messer hauchdünn aufschneiden und auf die Teller legen.
- Den geeisten grünen und weißen Spargel mit Zitronensaft, Olivenöl, Salz und Pfeffer marinieren und auf den marinierten Fisch legen, mit Dill und Rohnensprossen garnieren und servieren.

Spargelmousse

Für 4 Personen

Spargelmousse

- 1 EL Zwiebel, klein geschnitten
- ½ Knoblauchzehe, fein gehackt
- 1 EL Olivenöl
- 100 g weißer Spargel, gekocht (siehe Seite 14)
- 2 Blatt Gelatine, im kalten Wasser eingeweicht
- 200 ml Sahne, geschlagen
- 1 EL Kerbel, fein geschnitten
- Salz
- Pfeffer aus der Mühle

Schnittlauchgelee

- 100 ml Spargelbrühe
- 1 Blatt Gelatine
- 1 EL Weißweinessig
- Salz
- 1 EL Schnittlauch, fein geschnitten

Garnituren

- 4 Garnelen, gebraten
- 4 Spargelspitzen, geviertelt
- Kräutersalate

Spargelmousse

- Zwiebel und Knoblauch in Olivenöl anschwitzen, den in Stücke geschnittenen Spargel dazugeben und vermischen.
- Spargel im Mixer (Moulinette) fein pürieren und eventuell durch ein Haarsieb streichen.
- Gelatine aus dem kalten Wasser nehmen, gut ausdrücken, dann in einer kleinen Schüssel im Wasserbad schmelzen lassen und unter den Spargel mischen.
- In die erkaltende Masse die geschlagene Sahne unterheben. Mit Kerbel, Salz und Pfeffer würzen, in ein passendes Glas füllen und 2 Stunden kalt stellen.

Schnittlauchgelee

- Spargelbrühe um ⅓ einkochen lassen, mit eingeweichter Gelatine und Weißweinessig vermischen, salzen, etwas abkühlen lassen und mit Schnittlauch vermischen.

Fertigstellung

- Mousse mit Gelee übergießen und kalt stellen. Mousse mit Garnelen, Spargelspitzen und Kräutersalat garnieren und servieren.

TIPPS

1. *Diese Spargelmousse eignet sich vorzüglich als Aufstrich für Appetitbrötchen.*
2. *Zur Spargelmousse können verschiedene Blattsalate oder Tomatensalat serviert werden.*
3. *Die Mousse können Sie in Mokkatassen oder in eine kleine Dachrinnenform füllen, die mit Klarsichtfolie ausgelegt ist.*
4. *Sie können auch gekochten Schinken oder Rindsgeselchtes dazuservieren.*

Spargelsalat

FÜR 4 PERSONEN

Zutaten

- 250 g grüner Spargel
- 250 g weißer Spargel, gekocht (siehe Seite 14)
- 6 Wachteleier oder 2 Hühnereier
- 4 EL Olivenöl
- 2 EL Weißweinessig
- 1 TL Zitronensaft
- Salz
- Pfeffer aus der Mühle
- 4 Kirschtomaten
- 1 kleiner Bund (1 Handvoll) Löwenzahnsalat

Spargel: etwa 7 Minuten
Wachteleier: etwa 3 Minuten

Zubereitung

- Vom grünen Spargel die angetrockneten Enden wegschneiden, die Stangen am unteren Ende schälen und in kochendem Salzwasser etwa 7 Minuten kochen, dann sofort in kaltem Wasser abkühlen.
- Grünen mit gekochtem weißen Spargel in 1 cm große Stücke schneiden und die Spargelspitzen als Garnitur bereitstellen.
- Wachteleier 3 Minuten kochen, im kalten Wasser abschrecken, schälen und halbieren.
- Nun die Spargelstücke mit Olivenöl, Weißweinessig, Zitronensaft, Salz und Pfeffer marinieren.

Fertigstellung

- In tiefen Tellern den Spargelsalat zusammen mit halbierten, weich gekochten Wachtel- oder Hühnereiern, halbierten Kirschtomaten und Löwenzahnsalat anrichten.

TIPPS

1. *Sie können den Spargel auch vor dem Kochen in Stücke schneiden und in etwas Butter und Gemüsebrühe oder Wasser dünsten.*
2. *Weiters können Sie den Spargelsalat mit Naturjoghurt marinieren.*
3. *Sie können den Spargelsalat auch mit gekochtem Schinken und Weichkäse ergänzen.*
4. *Man kann auch Räucherlachs, Räucher-Thunfisch oder Räucher-Schwertfisch dazugeben.*

Spargel mit Speck und Ei

Für 4 Personen

Salatsauce

- 30 ml Weißweinessig
- 50 ml Fleischsuppe oder Wasser
- 60 ml Olivenöl
- Salz
- Pfeffer aus der Mühle

Pochierte Eier

- 1 l Wasser
- 3 EL Weißweinessig
- ½ Lorbeerblatt
- 2 Pfefferkörner
- 4 Eier

Weiteres

- 12 weiße Spargel, gekocht (siehe Seite 14)
- 12 Scheiben Speck, dünn geschnitten
- 50 g Salate wie Vogelsalat, Kresse, Friséesalat usw.
- 1 EL Bärlauchpesto (siehe Seite 52)

Salatsauce

- Weißweinessig und Fleischsuppe gut vermischen und Olivenöl einrühren. Mit Salz und Pfeffer würzen.

Pochierte Eier

- Wasser mit Weißweinessig, Lorbeerblatt und Pfefferkörnern in einem kleinen Topf bis zum Siedepunkt erhitzen.
- Eier aufschlagen ohne das Eigelb zu verletzen und einzeln in eine Tasse geben.
- Ins Essigwasser gleiten lassen (falls die Eier am Pfannenboden haften bleiben, mit einer Spachtel oder einem Löffel lösen). Eier etwa 3 Minuten ziehen lassen. Das Eiweiß muss fest, das Eigelb jedoch weich sein.
- Mit einer flachen Schaumkelle die Eier herausheben und auf Krepppapier abtropfen lassen.

Fertigstellung

- Pro Teller drei gekochte Spargel in je eine Speckscheibe einrollen. Ein Ei auf den Spargel legen.
- Den Teller mit Salat garnieren, die Salatsauce darüberträufeln und mit Pesto garnieren.

Pochierte Eier: etwa 3 Minuten

TIPPS

1. *Eier zum Pochieren müssen frisch und gut gekühlt sein, damit das Eiweiß beim Garen optimal zusammenhält.*
2. *Anstelle des Specks können Sie auch Rohschinken oder gekochten Schinken verwenden.*
3. *Anstelle der pochierten Eier können Sie auch weich gekochte verwenden.*
4. *Für die Salatsauce sollten die Zutaten immer Raumtemperatur haben.*
5. *Servieren Sie eine Bozner Sauce, Remouladensauce oder Sauce Hollandaise dazu.*

Spargel mit Rohschinken

FÜR 4 PERSONEN

Zutaten

400 g	weißer Spargel
1 TL	Butter
1 Msp.	Zucker
	Salz
	Pfeffer aus der Mühle
4 EL	Olivenöl
1 TL	Zitronensaft

Oliven-Weißbrotchips

4	Weißbrotscheiben
4	schwarze Oliven, fein gehackt

Nektarinen

1 TL	Zucker
12	Nektarinenspalten
60 ml	Weißwein
1 TL	Butter

Weiteres

8	Scheiben Rohschinken
4	Lavendelzweige

Spargel: 15–20 Minuten

Zubereitung

- Vom Spargel die angetrockneten Enden wegschneiden, die Stangen schälen und in kochendem Salzwasser mit Butter und etwas Zucker kochen.
- Nun die Spargelstangen mit Salz, Pfeffer, Olivenöl und Zitronensaft marinieren.

Oliven-Weißbrotchips

- Für die Oliven-Weißbrotchips das Weißbrot mit der Aufschneidemaschine dünn aufschneiden, mit gehackten schwarzen Oliven bestreuen und im Backrohr bei 160 Grad etwa 10 Minuten trocknen lassen.

Nektarinen

- Zucker in einem Topf zur gewünschten Bräunung schmelzen lassen.
- Nektarinenspalten dazugeben, mit Weißwein löschen, aufkochen lassen und mit Butter verfeinern.

Fertigstellung

- Spargelstangen auf Glasplatten oder flachen Tellern zusammen mit Rohschinkenscheiben, Nektarinenspalten, Oliven-Weißbrotchips und Lavendel anrichten und servieren.

TIPPS

1. *Sie können auch andere Früchte wie Orangenfilets, Grapefruit oder Melonen verwenden.*
2. *Servieren Sie anstelle der Weißbrotchips getoastetes Ciabattabrot oder Grissini.*
3. *Sie können anstelle des Rohschinkens auch gekochten Schinken oder Hirschschinken verwenden.*
4. *Servieren Sie frische Mandeln und hausgemachte Grissini dazu.*

Carpaccio mit rohem Spargelsalat

FÜR 4 PERSONEN

Carpaccio

360 g	Rinderfilet oder Spitzrose (kleine Nuss)
100 g	Parmesankäse im Stück

Roher Spargelsalat

200 g	weißer Spargel
30 g	Löwenzahn oder Kresse (Garten-, Bach- oder Brunnenkresse)

Weiteres

50 ml	Olivenöl
20 ml	Zitronensaft
	Salz
	schwarzer Pfeffer aus der Mühle
1 Prise	Salzblüte zum Bestreuen

Carpaccio

- Vom Rinderfilet die Häute und Sehnen entfernen.
- Rinderfilet in dünne Scheiben schneiden, zwischen zwei Klarsichtfolien legen und mit dem Schnitzelklopfer dünn klopfen.

Roher Spargelsalat

- Weißen Spargel schälen, die holzigen Enden abschneiden, dann mit einem scharfen Messer hauchdünne schräge Scheiben schneiden.

Fertigstellung

- Olivenöl mit Zitronensaft, Salz und Pfeffer zu einer Marinade verrühren.
- Die Teller mit einem Teil der Marinade bepinseln, mit Salz und Pfeffer bestreuen.
- Geschnittenes Fleisch und rohen, in schräge Scheiben geschnittenen Spargel auf Tellern anrichten.
- Mit Marinade beträufeln, mit fein gehobeltem Parmesankäse und Löwenzahn oder Kresse, schwarzem Pfeffer und Salzblüte bestreuen und sofort servieren.

TIPPS

1. *Das Filet können Sie auch fest in Frischhaltefolie wickeln, an den seitlichen Enden gut verschließen und etwa 2 Stunden ins Tiefkühlfach legen, dann das Rinderfilet aus der Folie nehmen und mit der Aufschneidemaschine in hauchdünne Scheiben schneiden.*
2. *Sowohl rohes Fleisch als auch roher Fisch sind leicht verderblich. Daher sollten Sie den Carpaccio unbedingt gleich nach der Zubereitung servieren.*
3. *Das Anfrieren des Filets ist von Vorteil, weil das Fleisch eine festere Konsistenz bekommt und sich gut in hauchdünne Scheiben schneiden lässt.*
4. *Sie können anstelle von Parmesan auch Pecorino oder Gorgonzola verwenden.*
5. *Anstelle des Rinderfilets können Sie Kalbsfilet oder Rehfilet verwenden.*
6. *Servieren Sie verschiedene Blattsalate dazu.*

Spargel im Tomatenfond mit Frischkäse

FÜR 4 PERSONEN

Tomatenfond

300 g	Tomaten
½	Knoblauchzehe, fein gehackt
1 TL	Zucker
1	Spritzer Tabasco
	Salz
	Pfeffer aus der Mühle
2	Basilikumblätter
1 TL	Petersilie
80 ml	Olivenöl
1 EL	Weißweinessig

Frischkäse

100 g	Frischkäse (Quark oder Ziegenfrischkäse usw.)
1 EL	Schnittlauch, geschnitten
	Salz
	weißer Pfeffer aus der Mühle

Weiteres

400 g	weißer Spargel, gekocht (siehe Seite 14)
100 g	Shiitake-Pilze, geschwenkt
1 EL	Kerbel
2 EL	Olivenöl
2 EL	geröstete Weißbrotwürfel

Tomatenfond

- Tomaten waschen und in Stücke schneiden, mit Knoblauch, Zucker, Tabasco, Salz und Pfeffer, Basilikum und Petersilie würzen und mit dem Pürierstab grob aufmixen.
- Den Tomatenfond in ein feines Passiertuch geben, aufhängen und langsam 6 Stunden lang abtropfen lassen.
- Den Tomatenfond auf die Hälfte einkochen lassen, mit Olivenöl und Weißweinessig abschmecken.

Frischkäse

- Frischkäse mit Schnittlauch, Salz und weißem Pfeffer verrühren und mit zwei Esslöffeln Nocken formen.

Fertigstellung

- Spargel im Tomatenfond mit Pilzen anrichten und eine Frischkäsenocke daraufgeben.
- Mit Kerbel, Olivenöl und Weißbrotwürfeln garnieren und servieren.

TIPPS

1. *Anstelle des Frischkäses können Sie auch die Spargelmousse (siehe Seite 22) servieren.*
2. *Sie können anstelle der Shiitaki-Pilze auch eingelegte Steinpilze oder Pfifferlinge servieren.*
3. *Anstelle des Frischkäses können Sie gebratene Garnelen, Saibling oder Lachsfilet dazugeben.*

Spargelcremesuppe

FÜR 4 PERSONEN

Zutaten

250 g	weißer Spargel
2 l	Wasser
	Salz
1 Msp.	Zucker
1 TL	Butter für die Brühe
40 g	Butter
30 g	Zwiebel, fein geschnitten
1 EL	Mehl
150 ml	Sahne
1 Prise	Muskatnuss
	weißer Pfeffer aus der Mühle
	Salz

Weiteres

Spargel-Radieschenspießchen zum Garnieren

Kresse zum Garnieren

Brühe: etwa 20 Minuten

Spargel: 15–20 Minuten

Suppe: etwa 20 Minuten

Zubereitung

- Spargel waschen, die Stangen von oben nach unten schälen und die Enden abschneiden.
- Schalen und Endstücke in einem Topf mit 2 Litern Wasser bedecken und mit Salz, Zucker und Butter zum Kochen bringen. Eventuell abschäumen.
- Die Brühe etwa 20 Minuten köcheln lassen und dann durch ein Sieb gießen.
- Nun den Spargel in der Spargelbrühe zugedeckt etwa 18–20 Minuten kochen lassen.
- Spargel aus der Brühe nehmen und etwas abkühlen lassen.
- Butter in einem Topf schmelzen lassen, Zwiebel darin glasig dünsten, Mehl beigeben und unter Rühren hell anschwitzen.
- Mehlschwitze abkühlen lassen, mit heißer Spargelbrühe (etwa 1 Liter) und Sahne aufgießen und kochen lassen.
- Mit Muskatnuss, Pfeffer und Salz abschmecken und mit dem Pürierstab oder Mixer aufschäumen.
- Gekochten Spargel in mundgerechte Stücke schneiden und in die Suppe geben.
- In Teller oder Tassen füllen, Spargel-Radieschenspießchen als Einlage hineingeben, mit Kresse dekorieren und servieren.

TIPPS

1. *Als Einlage können Sie auch geröstete Speckstreifen, Brotwürfel oder Bärlauchpesto verwenden.*
2. *Sie können die Suppe auch mit grünem Spargel zubereiten.*
3. *Sie können in die Suppe auch ein pochiertes Ei geben.*
4. *Servieren Sie gebratene Garnelen dazu.*

Spargelpalatschinken

FÜR 4 PERSONEN

Palatschinken

- 100 g Mehl
- 100 ml Milch
- 3 Eier
- Salz
- Öl zum Backen

Füllung

- 600 g weißer Spargel, gekocht (siehe Seite 14)
- 4 Scheiben gekochter Schinken
- 4 Käsescheiben (Fontina)

Weiteres

- ½ l Béchamelsauce (siehe Seite 50)
- Butter zum Ausstreichen und Überbacken
- Parmesan, gerieben, zum Überbacken
- 4 Schinkenscheiben, gebraten
- Erbsensprossen zum Garnieren

180–200 Grad
etwa 20 Minuten

Palatschinken

- Mehl mit Milch und Eiern glattrühren, salzen und den Teig 15 Minuten ruhen lassen.
- In der Pfanne wenig Öl erhitzen, den Teig dünn einlaufen lassen, dabei die Pfanne schräg halten. Der Pfannenboden muss gleichmäßig mit einer dünnen Teigschicht bedeckt sein.
- Den Teig beidseitig hellbraun backen.

Füllung

- Jeweils 4–5 Spargelstangen mit je einer Schinken- und Käsescheibe umwickeln und bereitstellen.

Fertigstellung

- Die Palatschinken mit dem Spargelbündel füllen und zu einer Rolle formen.
- In ein mit Butter ausgestrichenes, feuerfestes Geschirr geben, mit der Béchamelsauce übergießen und mit Parmesan und Butter im vorgeheizten Backrohr backen.
- Kurz vor dem Servieren die Palatschinken mit gebratenem Schinken und Erbsensprossen garnieren und servieren.

TIPPS

1. *Sie können die Palatschinken auch ohne Béchamelsauce und nur mit einer weiteren Scheibe Weichkäse oder Mozzarella überbacken.*
2. *Anstelle des Schinkens können Sie auch Speck oder Räucherlachs verwenden.*
3. *Sie können auch grünen Spargel verwenden.*
4. *Zur Abwechslung können Sie bei den Palatschinken die Hälfte des Mehls mit Vollkornmehl ersetzen.*

Spargelrisotto mit Gorgonzola

Für 4 Personen

Zutaten

400 g	weißer Spargel
50 g	Zwiebel
40 g	Butter
80 ml	Weißwein
240 g	Rundkornreis (Arborio, Carnaroli)
1 l	Fleischsuppe oder Spargelbrühe (Kochwasser der Spargelschalen)
	Salz
	Pfeffer aus der Mühle
20 g	Parmesan, gerieben
40 g	Butter

Weiteres

4	Kerbel zum Garnieren
	Gorgonzolascheiben zum Garnieren
	Olivenöl zum Beträufeln

18–20 Minuten

Zubereitung

- Spargel waschen und mit einem Spargelschäler von der Spitze zur Schnittstelle schälen.
- Gesamten Spargel in schräge, 1 cm dicke Scheiben schneiden.
- Zwiebel schälen, in kleine Würfel schneiden und in Butter dünsten.
- Spargelscheiben zum Zwiebel geben, mit Weißwein löschen und etwas einkochen lassen.
- Reis dazugeben und unter ständigem Rühren weiterkochen, mit der Fleischsuppe nach und nach aufgießen und fertig kochen.
- Mit Salz, Pfeffer, Parmesan und kalter Butter verfeinern.

Fertigstellung

- Mit Kerbel, Gorgonzola und Olivenöl servieren.

TIPPS

1. *Es kann sowohl weißer als auch grüner Spargel verwendet werden.*
2. *Der Risotto eignet sich auch als Beilage zu gebratenem Fisch (Lachs, Rotbarbe, Wolfsbarsch, Zander usw.).*
3. *Anstelle des Gorgonzolas können Sie auch Roquefort oder Taleggio verwenden.*

Bandnudeln mit Spargel-Haselnusssauce

Für 4 Personen

Bandnudelteig

- 100 g Mehl
- 100 g Hartweizengrieß
- 2 Eier
- 1 TL Olivenöl
- Salz

Spargel-Haselnusssauce

- 250 ml Spargelbrühe (Kochwasser der Spargelschalen)
- 400 g weißer Spargel, gekocht (siehe Seite 14) und in Scheiben geschnitten
- 2 EL Haselnüsse, in Blättchen geschnitten
- 4 Sardellenfilets in Öl, fein geschnitten
- 1 Spritzer Zitronensaft
- Salz
- Pfeffer aus der Mühle
- 2 EL Olivenöl
- 1 EL Butter

Weiteres

- 1 EL Petersilie, fein geschnitten
- 2 EL Haselnussblättchen zum Bestreuen

Nudeln: etwa 3 Minuten

Bandnudelteig

- Für die Bandnudeln alle Zutaten verkneten und zugedeckt etwas ruhen lassen.
- Den Teig mit der Nudelmaschine dünn ausrollen und vor dem Schneiden etwas trocknen lassen.
- Mit dem Schneideaufsatz der Nudelmaschine oder mit einem Messer dünne Bandnudeln schneiden.

Spargel-Haselnusssauce

- Von der Spargelbrühe ¾ der Flüssigkeit einkochen lassen.
- Spargelscheiben, Haselnüsse und Sardellen dazugeben, mit Zitronensaft, Salz und Pfeffer würzen.
- Zum Schluss die Sauce mit Olivenöl und Butter binden.

Fertigstellung

- Die Nudeln in reichlich Salzwasser 3 Minuten kochen (beim Fertigprodukt beachten Sie die Anleitung auf der Verpackung) und in der heißen Spargel-Haselnusssauce schwenken, mit Petersilie und Haselnussblättchen bestreuen und servieren.

TIPPS

1. *Die Spargel-Haselnusssauce eventuell mit Speisestärke binden.*
2. *Anstelle der Bandnudeln können Sie Kartoffelnocken, Brennnesselnudeln oder Eierspätzle verwenden.*
3. *Servieren Sie verschiedene Blattsalate dazu.*
4. *Anstelle des weißen Spargels können Sie auch grünen oder wilden Spargel verwenden.*

Farfalle mit Spargel und Trüffel

Für 4 Personen

Spargelsauce

300 g	grüner Spargel
50 ml	Spargelbrühe (Kochwasser der Spargelschalen)
2 EL	Butter
½	Knoblauchzehe, fein gehackt
1 EL	Petersilie, fein geschnitten
	Salz
	Pfeffer aus der Mühle

Weiteres

320 g	Farfalle
40 ml	Olivenöl
	frische Trüffel

Spargelsauce

- Spargel waschen, Stangen etwas schälen, Spitzen abschneiden und bereitstellen.
- Spargel in Salzwasser etwa 6 Minuten weich kochen, in ein Sieb schütten, kurz mit kaltem Wasser abkühlen, im Mixer mit Spargelbrühe, Butter, Knoblauch und Petersilie fein pürieren und mit Salz und Pfeffer abschmecken.
- Salzwasser zum Kochen bringen, die Spargelspitzen etwa 4 Minuten knackig kochen und sofort in kaltem Wasser abkühlen, damit die grüne Farbe erhalten bleibt.

Fertigstellung

- Farfalle in reichlich Salzwasser nach der Packungsanweisung bissfest kochen.
- Olivenöl erwärmen, Spargelspitzen und Nudeln darin schwenken.
- Auf der heißen Spargelsauce anrichten und mit frisch gehobelter Trüffel servieren.

Farfalle: etwa 8 Minuten
Spargelstangen: etwa 6 Minuten
Spargelspitzen: etwa 4 Minuten

TIPPS

1. *Folgende Nudelsorten können Sie ebenfalls für diese Sauce verwenden: Bandnudeln, Pappardelle, Nudelfleckerln usw.*
2. *Anstelle der Farfalle verwenden Sie Eierspätzle oder Kartoffelnudeln.*
3. *Sie können anstelle der Trüffel auch etwas Pecorino vor dem Servieren dazugeben.*
4. *Verwenden Sie Champignons oder Steinpilze anstelle der Trüffel.*

Blätterteigkissen mit Spargelragout und Scampi

Für 4 Personen

Blätterteigkissen

- 200 g Blätterteig
- 1 Eigelb zum Bestreichen des Blätterteiges

Spargelragout

- 200 g weißer Spargel
- 200 g grüner Spargel
- 50 g Lauch, in Stücke geschnitten
- 40 g Butter
- 150 ml Spargelbrühe
- 1 Tomate, geschält und in Würfel geschnitten
- Pfeffer aus der Mühle
- Salz

Weiteres

- 4 Scampischwänze, gebraten
- 4 Kerbelblätter

Blätterteigkissen: 180–200 Grad
etwa 20 Minuten
Weißer Spargel: 12–15 Minuten
Grüner Spargel: 6–8 Minuten

Blätterteigkissen

- Blätterteig auf einem bemehlten Tisch ½ cm dick ausrollen, auf ein Tablett legen und im Kühlschrank etwa 30 Minuten ruhen lassen, damit er schnittfest wird.
- Den Teig in vier 6 x 6 cm große Quadrate schneiden, mit Eigelb bestreichen und mit dem Gabelrücken leichte Rillen in den Teig ziehen.
- Die Teigquadrate im vorgeheizten Backrohr backen.

Spargelragout

- Weißen Spargel schälen und in Salzwasser 12–15 Minuten kochen. Wenn möglich getrennt, denn der grüne Spargel ist meistens schneller gar (6–8 Minuten). Grünen Spargel in kaltem Wasser abkühlen lassen.
- Spargel in 4 cm lange Stücke schneiden.
- Lauch in der Butter dünsten, Spargelbrühe dazugeben und auf ⅓ einkochen lassen.
- Tomate und Spargel dazugeben und mit Salz und Pfeffer würzen.

Fertigstellung

- Das Spargelragout in tiefe Teller geben, mit Blätterteigkissen und gebratenen Scampi belegen, mit Kerbelblatt garnieren und servieren.

TIPPS

1. *Dieses Spargelragout können Sie auch mit Bandnudeln oder Kartoffelnocken servieren.*
2. *Sie können die Blätterteigkissen auch ohne Scampi servieren, jedoch mit Pilz-, Gemüse-, Meeresfrüchtesauce oder mit Wildragout füllen.*
3. *Das Spargelragout können Sie auch mit Forelle, Steinbutt, Seezunge oder Zander servieren.*

Brennnesselnudeln mit Spargelsauce

FÜR 4 PERSONEN

Brennnesselnudelteig

400 g	mehlige Kartoffeln
50 g	Brennnesselpüree (Brennnesseln, gekocht und fein passiert)
1	Eigelb
1 EL	Butter
150 g	Mehl
	Salz
1 Msp.	Muskatnuss

Spargelsauce

200 g	weißer Spargel
40 g	Butter
200 ml	Sahne
	Salz

Weiteres

30 g	Parmesan, gerieben
	Brennnesselspitzen zum Garnieren

Kartoffeln: etwa 35 Minuten
Spargelsauce: etwa 5 Minuten
Nudeln: etwa 1 Minute

Brennnesselnudelteig

- Kartoffeln schälen, in 2 x 2 cm große Würfel schneiden und in Salzwasser kochen. Abseihen und trocknen lassen.
- Kartoffeln durch die Kartoffelpresse drücken, mit Brennnesselpüree, Eigelb und weicher Butter verkneten, dann erkalten lassen.
- Mehl, Salz und Muskatnuss unter die Kartoffelmasse kneten.
- Aus dem Teig rasch gleich dicke Stränge (1 cm Ø) formen, diese in 2 cm lange Stücke schneiden und zu 5 cm langen Nudeln formen.

Spargelsauce

- Spargel schälen, die holzigen Enden wegschneiden und in Rauten (schräge Scheiben) schneiden.
- Butter schmelzen lassen und den Spargel darin dünsten, Sahne dazugeben, salzen und zur Hälfte einkochen lassen.

Fertigstellung

- Die Brennnesselnudeln in Salzwasser 1 Minute aufkochen lassen, mit der Schaumkelle herausnehmen und in die Spargelsauce geben.
- Mit Parmesan bestreuen, in etwas aufgeschäumter Spargelsauce schwenken, mit Brennnesselspitzen garnieren und servieren.

TIPPS

1. *Anstelle der Brennnesseln können Sie Mangold, Bärlauch oder Spinat verwenden.*
2. *Für 50 g Brennnesselpüree brauchen Sie 100 g frische Brennnesseln.*
3. *Um die Brennnesseln leichter pürieren zu können, geben Sie etwas kaltes Wasser dazu, das Sie anschließend durch ein Passiertuch wieder abrinnen lassen.*
4. *Sie können auch gekochten Schinken zur Spargelsauce geben.*
5. *Sie können die Sauce auch mit Camembert oder Gorgonzola verfeinern.*

Kartoffelravioli mit Spargelfüllung

FÜR 4 PERSONEN

Spargelfüllung

200 g	grüner Spargel
200 g	weißer Spargel, gekocht (siehe Seite 14)
50 g	Lauch, in feine Streifen geschnitten
1 EL	Butter
¼ l	Sahne
1 EL	Schnittlauch, fein geschnitten
1 EL	Parmesan
	Weißbrotbrösel zum Binden

Weiteres

400 g	Kartoffelteig (siehe Seite 52)
1 EL	Thymian
2 EL	Parmesan, geraspelt
4 EL	Butter, gebräunt

Grüner Spargel: 6–8 Minuten
Kartoffelravioli: 3–4 Minuten

Spargelfüllung

- Grünen Spargel schälen, in stark gesalzenem Wasser kochen, dann in kaltem Wasser abkühlen lassen.
- Grüne und weiße Spargelspitzen abschneiden und bereitstellen.
- Lauch in Butter dünsten, Sahne dazugeben und auf ⅓ einkochen lassen.
- Restliche grüne und weiße Spargelstangen in kleine Würfel schneiden, dazugeben und mit Schnittlauch und Parmesan würzen.
- Die Füllung eventuell mit etwas geriebenem Weißbrot binden und kalt stellen.

Fertigstellung

- Den Kartoffelteig auf einem bemehlten Nudelbrett mit dem Nudelholz ca. 4 mm dünn ausrollen und runde Blätter mit 5 cm Ø ausstechen.
- Die Spargelfüllung mit einem Teelöffel daraufgeben, die Teigblätter halbmondförmig zu Krapfen zusammenfalten und die Ränder mit den Fingern andrücken.
- Die Kartoffelravioli in kochendes Salzwasser geben und langsam kochen lassen.
- Mit der Schaumkelle aus dem Wasser heben, gut abtropfen lassen und auf Teller geben.
- Mit den erwärmten grünen Spargelspitzen garnieren, mit Thymian und Parmesan bestreuen, mit brauner Butter übergießen und servieren.

TIPPS

1. *Anstelle des grünen Spargels können Sie auch wilden oder Thaispargel verwenden.*
2. *Anstelle des Kartoffelteiges können Sie auch Nudelteig verwenden.*
3. *Geben Sie in die braune Butter gehobelte Haselnüsse oder Pignoli.*

Spargellasagne

FÜR 4 PERSONEN

Eiernudelteig

50 g	Mehl
50 g	Hartweizenmehl
1	Ei
1 EL	Olivenöl
	Salz

Béchamelsauce

20 g	Butter
20 g	Mehl
½ l	Milch
	Salz
1 Msp.	Muskatnuss

Weiteres

400 g	grüner Spargel, gekocht (siehe Seite 24)
200 g	Tomaten, geschält und in Würfel geschnitten
30 g	Parmesan, gerieben
	Butter zum Ausstreichen und Überbacken
	Parmesan zum Überbacken
	Kerbel- oder Petersilienblätter zum Garnieren

180 Grad
Lasagne: etwa 25 Minuten

Eiernudelteig

- Für den Nudelteig alle Zutaten verkneten und zugedeckt etwas ruhen lassen.
- Den Teig mit der Nudelmaschine dünn ausrollen und zu 8 cm großen, eventuell runden Lasagneblättern schneiden.
- Die Nudelblätter etwa 2 Minuten bissfest kochen (beim Fertigprodukt nach Angabe auf der Packung), mit dem Schaumlöffel in kaltes Wasser geben, abkühlen lassen, auf ein Küchenkrepp legen und abtropfen lassen.

Béchamelsauce

- Butter in einem Topf schmelzen lassen und das Mehl einrühren.
- Warme Milch aufgießen und alles zusammen unter ständigem Rühren 2–3 Minuten kochen lassen. Mit Salz und Muskatnuss abschmecken und bereitstellen.

Fertigstellung

- Vom gekochten Spargel die Spitzen abschneiden und die Stangen in Scheiben schneiden.
- Eine feuerfeste Form oder Platte mit Butter ausstreichen und abwechselnd Nudelblätter, Béchamelsauce, Spargelscheiben und -spitzen sowie Tomatenwürfel übereinanderschichten.
- Zum Schluss mit Spargelspitzen und etwas Tomaten belegen, mit Parmesan bestreuen und mit Butter beträufeln. Im vorgeheizten Backrohr backen.
- Mit Kerbel oder Petersilie garnieren und servieren.

TIPPS

1. *Wenn Sie vor dem Essen die Lasagne etwas ruhen lassen, schmeckt sie viel besser und lässt sich auch leichter portionieren.*
2. *Sie können auch gekochten Schinken oder Räucherlachs in die Lasagne geben.*
3. *Legen Sie Bärlauchblätter oder Lachs zwischen den Schichten ein.*
4. *Anstelle des grünen Spargels können Sie auch weißen oder wilden Spargel verwenden.*

Kartoffelnocken mit Spargel und Bärlauchpesto

FÜR 4 PERSONEN

Kartoffelteig

400 g	mehlige Kartoffeln
2	Eigelb
1 EL	Butter, zerlassen
120 g	Mehl
1 Msp.	Muskatnuss, gerieben
	Salz
	Pfeffer aus der Mühle

Bärlauchpesto

60 g	Bärlauch
30 g	Petersilie
1	Knoblauchzehe, fein gehackt
40 ml	Olivenöl
	Salz

Weiteres

200 g	grüner Spargel, gekocht (siehe Seite 24) und in Stücke geschnitten
30 g	Parmesan, gehobelt
	Rohnensprossen zum Garnieren

Kartoffeln: etwa 35 Minuten

Kartoffelnocken: etwa 3 Minuten

Kartoffelteig

- Kartoffeln schälen, in 2 x 2 cm große Würfel schneiden und in Salzwasser etwa 35 Minuten kochen. Abseihen und trocknen lassen.
- Kartoffeln durch die Kartoffelpresse drücken, mit Eigelb und Butter verkneten, dann 15 Minuten erkalten lassen.
- Mehl, geriebene Muskatnuss, Salz und Pfeffer unter die Kartoffelmasse kneten.

Bärlauchpesto

- Bärlauch und Petersilie waschen, die Blattstiele entfernen und zusammen mit Knoblauch, Olivenöl und Salz im Mixer fein mixen.

Fertigstellung

- Aus dem Kartoffelteig rasch gleich dicke Stränge (1 cm Ø) formen und diese in 2 cm lange Stücke schneiden. Die Nocken eventuell über eine Gabel rollen (damit sie ein Muster bekommen).
- Kartoffelnocken in Salzwasser kochen lassen, mit der Schaumkelle herausnehmen, mit dem gekochten, erwärmten Spargel und Bärlauchpesto vermischen, dann mit gehobeltem Parmesan und Rohnensprossen servieren.

TIPPS

1. *Anstelle des Bärlauchpestos können Sie auch Basilikum- oder Olivenpesto verwenden.*
2. *Sie können anstelle der Kartoffelnocken auch Bandnudeln verwenden*
3. *Sie können auch weißen Spargel verwenden.*
4. *Anstelle des Bärlauchpestos können Sie auch gehackte Sardellenfilets und gehackte Haselnüsse untermischen.*

Topfennocken auf warmem Spargelsalat

FÜR 4 PERSONEN

Topfennocken

60 g	Toastbrot (etwa 5 Scheiben)
50 g	weiche Butter
250 g	Topfen (Quark)
2	Eier
	Salz
1 Msp.	Muskatnuss, gerieben
40 g	Mehl

Weiteres

400 g	Spargelsalat ohne Löwenzahnsalat und Wachteleier (siehe Seite 24)
50 g	Parmesan, gerieben
80 g	braune Butter
1 EL	Schnittlauch, fein geschnitten

Topfennocken: etwa 10 Minuten

Topfennocken

- Vom Toastbrot die Rinde entfernen und das Brot in kleine Würfel schneiden.
- Butter schaumig rühren, Topfen dazugeben, Eier nach und nach einrühren und mit Salz und geriebener Muskatnuss würzen.
- Toastbrotwürfel und Mehl mit dem Kochlöffel unter die Topfen-Ei-Masse heben und etwa 20 Minuten im Kühlschrank ruhen lassen.
- Anschließend mit einem Esslöffel Nocken formen.

Fertigstellung

- Reichlich Wasser zum Kochen bringen, salzen, die Topfennocken hineingeben und halb zugedeckt leicht sieden lassen.
- Mit einer Schöpfkelle die Nocken herausnehmen und in Tellern auf dem erwärmten Spargelsalat anrichten.
- Die Nocken mit geriebenem Parmesan bestreuen und mit brauner Butter und Schnittlauch servieren.

TIPPS

1. *Sie können Schnittlauch, Kerbel oder Basilikum unter die Topfennockenmasse mischen.*
2. *In die Topfennockenmasse kann man auch gedünsteten Zwiebel untermischen.*
3. *Sie können die Topfennocken auch mit Edamerkäse überbacken.*
4. *Servieren Sie verschiedene Blattsalate dazu.*

Thunfisch auf geschmortem Spargel

FÜR 4 PERSONEN

Geschmorter Spargel

500 g	weißer Spargel
100 ml	Weißwein
200 ml	Fleischbrühe oder Wasser
2 EL	weißer Balsamicoessig
50 ml	Olivenöl
	Salz
	Pfeffer aus der Mühle
1 EL	Staubzucker

Zitronen-Kapernöl

1 TL	Kapern, fein gehackt
1 TL	Petersilie, fein geschnitten
1 EL	Zitronenfilets, fein geschnitten
2 EL	Olivenöl
	Salz

Weiteres

4	Thunfischmedaillons zu je 120 g
	Salz
	Pfeffer aus der Mühle
30 ml	Olivenöl zum Anbraten
20 g	Pignoli, geröstet
	roter und schwarzer Pfeffer zum Garnieren
	Dill zum Garnieren

Geschmorter Spargel

- Weißen Spargel schälen und die Enden abschneiden.
- Weißwein und Fleischbrühe auf ⅓ einkochen lassen, mit Balsamicoessig und Olivenöl vermischen und mit Salz und Pfeffer würzen.
- Staubzucker in einer Pfanne karamellisieren, Spargel dazugeben, mit der eingekochten Weißwein-Fleischbrühe-Reduktion aufgießen und den Spargel etwa 12 Minuten in der Sauce schmoren lassen.

Zitronen-Kapernöl

- Kapern, Petersilie, Zitronenfilets, Olivenöl und Salz vermischen.

Fertigstellung

- Thunfisch salzen und pfeffern, in nicht zu heißem Olivenöl beidseitig grillieren, quer durchschneiden und auf dem geschmorten Spargel anrichten.
- Mit zerdrücktem roten und schwarzen Pfeffer, Pignoli, Zitronen-Kapernöl und Dillspitzen servieren.

Fisch: 6 Minuten, je nach Dicke der Medaillons
Geschmorter Spargel: etwa 12 Minuten

TIPPS

1. *Anstelle des Thunfisches können Sie Zander, Schwertfisch oder Saibling verwenden.*
2. *Servieren Sie gekochte Butter-Kartoffeln dazu.*
3. *Der geschmorte Spargel passt auch gut zu Fleischgerichten.*

Gebackener Spargel mit Olivenöl-Hollandaise

FÜR 4 PERSONEN

Backteig

120 g	Mehl
120 ml	Milch, Weißwein oder Bier
1	Eigelb
1 TL	Olivenöl
1	Eiweiß
	Salz

Olivenöl-Hollandaise

1	Eigelb
30 ml	Reduktion (30 ml Weißwein, 20 ml Weißweinessig, 1 EL Schalotten, alles zur Hälfte einkochen)
100 ml	Olivenöl
1 TL	Estragon, fein geschnitten
	Salz
	Pfeffer aus der Mühle

Weiteres

	Backfett
600 g	weißer Spargel, gekocht (siehe Seite 14)
12	Petersilienblätter

170 Grad
Spargel: etwa 3 Minuten

Backteig

- Für den Backteig Mehl, Milch, Weißwein oder Bier, Eigelb und Olivenöl zu einem glatten Teig verrühren.
- Eiweiß mit Salz zu Schnee schlagen und unterheben.

Olivenöl-Hollandaise

- Eigelb mit der Reduktion auf heißem Wasserbad aufschlagen und das 45 Grad heiße Olivenöl langsam einrühren.
- Mit Estragon, Salz und Pfeffer würzen.

Fertigstellung

- Den Spargel gut trocknen, in Stücke schneiden, durch den Backteig ziehen und im heißen Fett schwimmend backen.
- Petersilienblätter in 170 Grad heißem Fett unter ständigem Rühren etwa 2 Minuten frittieren.
- Olivenöl-Hollandaise auf Teller geben, Spargel darauflegen, mit der gebackenen Petersilie garnieren und servieren.

TIPPS

1. *Gebackener Spargel eignet sich auch als Beilage zu Kalbsbraten, gebratenem Roastbeef, Rindsfiletsteak usw.*
2. *Sie können den Spargel auch mit feinen Blattsalaten und mit einer Bozner Sauce servieren.*
3. *Der gebackene Spargel eignet sich auch sehr gut als Fingerfood zu einem Aperitif.*

Gratinierter Spargel mit Mozzarella und Tomaten

Für 4 Personen

Zutaten

800 g	grüner Spargel
125 g	Mozzarella (4 Scheiben)
200 g	Tomaten, geschält und in Würfel geschnitten
	Salz
	Pfeffer aus der Mühle

Weiteres

	Butter zum Ausstreichen der Form
1 EL	Schnittlauch, fein geschnitten

Spargel: 6–8 Minuten
220 Grad
etwa 8 Minuten

Zubereitung

- Grünen Spargel waschen, die eingetrockneten Enden abschneiden und von der Spitze aus schälen.
- Reichlich Salzwasser zum Kochen bringen und den Spargel je nach Dicke 6–8 Minuten kochen.
- Dann den Spargel aus dem Wasser heben und im Eiswasser rasch abkühlen lassen.
- Eine feuerfeste Form mit Butter ausstreichen, den Spargel hineingeben und würzen.
- Mozzarella in dünne Scheiben schneiden.
- Die Tomatenwürfel auf den Spargel geben, salzen und pfeffern und mit der Mozzarellascheibe belegen.
- Spargel mit Käse im Backrohr bei starker Oberhitze oder im Salamander überbacken, mit Schnittlauch bestreuen und servieren.

TIPPS

1. *Anstelle der Mozzarella können Sie auch Bel Paese, Taleggio, Fontina oder Brie verwenden.*
2. *Sie können den Spargel auch nur mit viel Parmesan oder Pecorino bestreuen, Butterflocken daraufgeben und dann das Gericht überbacken.*
3. *Anstelle des grünen Spargels können Sie auch weißen Spargel verwenden.*
4. *Anstelle der Tomaten können Sie auch Pilze oder gegrillte Zucchini dazugeben.*

Panierter Spargel

FÜR 4 PERSONEN

Zutaten

1 kg	weißer Spargel
1 TL	Butter
1 Prise	Zucker
2 EL	Weißwein
	Salz

Panade

	Salz
100 g	Mehl
3	Eier
80 g	Brotbrösel

Weiteres

geklärte Butter (Butterschmalz) oder Öl zum Backen

Schnittlauchmayonnaise

Blattsalate zum Garnieren

Spargel: 15–20 Minuten

170 Grad

etwa 4 Minuten

Zubereitung

- Spargel vom Kopf weg mit einem Sparschäler (Spargelschäler) sorgfältig rundum schälen, dabei die Hand stützend unter den Spargel halten, damit er nicht bricht, oder den Spargel flach auf eine umgedrehte Glasschüssel legen und schälen.
- Die Spargelstangen nach Stärke ordnen und mit einem Messer die holzigen, angetrockneten Enden wegschneiden.
- Spargel eventuell portionsweise bündeln und mit einem Spagat zusammenbinden.
- Reichlich Salzwasser zum Kochen bringen, Butter, Zucker, Weißwein und Salz beigeben, den Spargel einlegen und zugedeckt (weiße Serviette oder Krepppapier darauflegen, damit der Spargel vom Wasser bedeckt bleibt) kochen lassen.

Panade

- Trockenen Spargel etwas salzen, im Mehl wenden und mit verquirltem Ei und Brotbröseln panieren.

Fertigstellung

- In einer Pfanne geklärte Butter oder Öl erhitzen und den Spargel darin backen.
- Den gebackenen Spargel mit Schnittlauchmayonnaise und Blattsalaten servieren.

TIPPS

1. *Anstelle der Blattsalate servieren Sie Kartoffelsalat.*
2. *Zum Panieren können Sie anstelle der Brotbrösel fein geraspelte Kartoffel- oder Kürbisstreifen verwenden.*
3. *Sie können den Spargel auch ohne Brotbrösel, nur mit Mehl und Ei backen.*
4. *Servieren Sie Bozner Sauce oder Sauce Hollandaise dazu.*

Kalbsfilet mit Spargel

Für 4 Personen

Zutaten

12	weiße Spargel
12	grüne Spargel
2 EL	Butter
60 ml	Weißwein
1 TL	Zucker
600 g	Kalbsfilet
	Salz
	Pfeffer aus der Mühle
30 ml	Öl zum Anbraten

Weiteres

150 ml	Kalbssauce
2 EL	Kresse zum Garnieren

Weißer Spargel: 12–14 Minuten
Grüner Spargel: 6–8 Minuten
Kalbsfilet: etwa 4 Minuten

Zubereitung

- Vom weißen Spargel den untersten, holzigen Teil (etwa 2 cm) wegschneiden und dann vom Kopf weg den Spargel schälen.
- In reichlich Salzwasser mit 1 Esslöffel Butter, Weißwein und Zucker den Spargel etwa 12–14 Minuten kochen lassen, vom Feuer nehmen und im Wasser ziehen lassen.
- Vom grünen Spargel die Enden abschneiden, ebenfalls schälen und in reinem Salzwasser etwa 6–8 Minuten kochen lassen, dann rasch in Eiswasser abkühlen.
- Kalbsfilet in Scheiben schneiden, salzen und pfeffern und in einer heißen Pfanne mit Öl beidseitig braten.
- Eventuell einige Minuten ruhen lassen, damit sich der Fleischsaft gleichmäßig verteilt.

Fertigstellung

- Den Spargel kurz in der restlichen heißen Butter erwärmen und salzen.
- Das Filet mit dem heißen Spargel und der Kalbssauce anrichten, mit Kresse garnieren und servieren.

TIPPS

1. *Das Kalbsfilet sollte innen leicht rosa sein, wenn es zu sehr durchgebraten wird, ist es trocken.*
2. *Anstelle der Kalbssauce servieren Sie zu diesem Gericht eine Sauce Hollandaise.*
3. *Anstelle des Kalbsfilets können Sie auch Lamm, Schwein, Huhn oder Rind verwenden.*

Spargel in der Folie

Für 4 Personen

Zutaten

1 kg	weißer Spargel
2 EL	Butter
1 TL	Zucker
	Salz
4 EL	Weißwein
4	Rosmarinzweige
4	Knoblauchzehen, halbiert

Weiteres

8	Alufolien (25 x 20 cm)

180 Grad
etwa 30 Minuten

Zubereitung

- Spargel vom Kopf weg mit einem Sparschäler (Spargelschäler) sorgfältig rundum schälen, dabei die Hand stützend unter den Spargel halten, damit er nicht bricht, oder den Spargel flach auf eine umgedrehte Glasschüssel legen und schälen.
- Die Spargelstangen nach Stärke ordnen und mit einem Messer die holzigen, angetrockneten Enden wegschneiden.

Fertigstellung

- Vier Alufolien mit Butter bestreichen, rohen Spargel darauflegen und mit Zucker, Salz, Weißwein, Rosmarin und Knoblauch würzen.
- Die restlichen Folien darauflegen, die Ränder der Folien miteinander gut verschließen und im vorgeheizten Backrohr backen.

TIPPS

1. *Sie können auch Tomatenwürfel oder Lauchstreifen zum Spargel in die Folie geben.*
2. *Zusätzlich können Sie auch Kartoffelscheiben unter den Spargel in die Folie geben.*
3. *Servieren Sie zu den Spargeln einen Rohschinken oder Lammschinken.*
4. *Sie können zu den Spargeln Butterkartoffeln oder einen Kartoffel-Gurkensalat servieren.*
5. *Anstelle der Alufolie können Sie auch Backpapier verwenden.*

Spargel-Frittata

Für 1 Person

Zutaten

100 g	weißer Spargel, in Stücke geschnitten
3	Eier
1 EL	Sahne
	Salz
20 g	Butter
30 g	Speck, in Streifen geschnitten
40 g	Zwiebel, in Ringe geschnitten und gedünstet
50 g	Mozzarella, in Würfel geschnitten
50 g	Tomaten, in Würfel geschnitten
1 TL	Schnittlauch, fein geschnitten, zum Servieren

Spargel: etwa 18 Minuten

180 Grad

etwa 5 Minuten

Zubereitung

- Spargel vom Kopf weg mit einem Sparschäler (Spargelschäler) sorgfältig rundum schälen, dabei die Hand stützend unter den Spargel halten, damit er nicht bricht, oder den Spargel flach auf eine umgedrehte Glasschüssel legen und schälen.
- Die Spargelstangen nach Stärke ordnen und mit einem Messer die holzigen, angetrockneten Enden wegschneiden.
- Reichlich Salzwasser zum Kochen bringen, den Spargel einlegen und zugedeckt (weiße Serviette oder Kreppapier darauflegen, damit der Spargel vom Wasser bedeckt bleibt) kochen lassen.
- Spargelstangen in mundgerechte Stücke schneiden.

Fertigstellung

- Eier in einer Schüssel mit Sahne und Salz gut verrühren.
- In einer beschichteten Pfanne Butter schmelzen lassen, die Eiermasse hineingießen und etwas anstocken lassen.
- Speck, Zwiebel, Mozzarella, Tomaten und Spargel darauf verteilen und die Frittata im Backrohr langsam fertig backen lassen.
- Mit Schnittlauch bestreuen und servieren.

TIPPS

1. *Sie können die Spargel-Frittata auch nur mit einem Deckel verschließen und fertig garen.*
2. *Anstelle des Specks verwenden Sie Räucherforelle oder Räucherlachs.*
3. *Anstelle der Mozzarella können Sie auch Gorgonzola, Emmentaler, Camembert oder Scamorza verwenden.*

Spargelgröstel

FÜR 4 PERSONEN

Zutaten

500 g festkochende Kartoffeln
200 g grüner Spargel
200 g weißer Spargel

Gebackene Zwiebelringe

1 große Zwiebel
Mehl zum Bestreuen
Salz
Backfett

Weiteres

30 ml Öl zum Braten
½ Zwiebel
50 g Speckstreifen
60 g Butter
150 ml Fleischsuppe oder Spargelbrühe (siehe Seite 34)
1 EL Petersilie, fein geschnitten
Salz
Pfeffer aus der Mühle

Kartoffeln: etwa 35 Minuten
Gröstel: 5–7 Minuten

Zubereitung

- Kartoffeln waschen und mit der Schale in Salzwasser nicht zu weich kochen (etwa 35 Minuten).
- Noch heiß schälen, auskühlen lassen und in eher dicke Scheiben schneiden.
- Grünen und weißen Spargel schälen und in schräge Scheiben schneiden.

Gebackene Zwiebelringe

- Zwiebel schälen, in nicht zu dünne Scheiben schneiden, so dass große Ringe entstehen, mit Mehl bestreuen und etwas abklopfen.
- Zwiebel in heißem Backfett goldgelb backen, auf Küchenpapier abtropfen lassen und leicht salzen.

Fertigstellung

- In einer beschichteten Pfanne Öl erhitzen und die Kartoffelscheiben braten.
- Die klein geschnittene Zwiebel und die Speckstreifen dazugeben, salzen und mitbraten.
- Die Spargelscheiben leicht salzen, in einer eigenen Pfanne in Butter anbraten und zu den Kartoffeln geben.
- Die Hitze reduzieren, etwas Fleischsuppe oder Spargelbrühe und fein geschnittene Petersilie hinzufügen, mit Salz und Pfeffer würzen und mit gebackenen Zwiebelringen servieren.

TIPPS

1. *Sie können zum Gröstel auch verschiedene Blattsalate oder Krautsalat servieren.*
2. *Anstelle der Speckstreifen können Sie auch Kalbsfilet- oder Schweinsfiletstreifen mitbraten.*
3. *Das Gröstel eignet sich auch sehr gut als Beilage zu Kalbsbraten.*

Spargeltörtchen

FÜR 4 TÖRTCHEN

Füllung

300 g	weißer Spargel, gekocht (siehe Seite 14)
80 g	Zwiebelstreifen
1	Knoblauchzehe, fein gehackt
50 g	Butter
	Salz
	Pfeffer aus der Mühle

Guss

80 ml	Milch
60 ml	Sahne
2	Eier
	Pfeffer aus der Mühle
	Salz

Tomatenbutter

200 g	Tomaten
	Salz
	Pfeffer aus der Mühle
4 EL	Butter
1 Spritzer	weißer Balsamicoessig
2 EL	Basilikum

Weiteres

200 g	Blätterteig
	Butter für die Formen
1 EL	Parmesan, gerieben
	Basilikumsprossen

180 Grad
etwa 20 Minuten

Füllung

- Gekochten weißen Spargel in 1 cm große Stücke schneiden und auf einem Kreppppapier trocknen lassen.
- Zwiebel und Knoblauch in Butter dünsten, Spargel dazugeben und mitdünsten, mit Salz und Pfeffer abschmecken.

Guss

- Milch, Sahne, Eier, Pfeffer und Salz verquirlen.

Tomatenbutter

- Tomatenschale einritzen und die Tomaten in kochendes Wasser geben. Anschließend mit kaltem Wasser abschrecken und die Haut abziehen.
- Tomaten halbieren, die Kerne entfernen und das Tomatenfleisch in Würfel schneiden.
- Tomatenwürfel in eine Pfanne geben, salzen und pfeffern. Butter dazugeben, einmal aufkochen lassen, mit Balsamicoessig und Basilikum verfeinern.

Fertigstellung

- Den Blätterteig mit einem Nudelholz dünn ausrollen und damit die leicht gebutterten Törtchenformen auslegen.
- Die Spargelfüllung darauf verteilen, den Guss darübergießen, mit Parmesan bestreuen und im vorgeheizten Backrohr backen.
- Die Törtchen auf der Tomatenbutter mit Basilikumsprossen servieren.

TIPPS

1. *Die Törtchen eignen sich besonders gut für Partys und Aperitifs.*
2. *Sie können auch Ziegenfrischkäse oder Ricotta zum Guss geben.*
3. *Sie können für das Gericht auch eine normale Kuchenform verwenden und den Kuchen portioniert servieren.*
4. *Lassen Sie den Kuchen vor dem Verzehr einige Minuten ruhen, dann lässt er sich leichter portionieren.*

Truthahnröllchen mit Spargel und ›Scamorza‹ gefüllt

Für 4 Personen

Zutaten

- 4 Truthahnschnitzel zu je 100 g
- Salz
- Pfeffer aus der Mühle
- 8 kleine Rohschinkenscheiben
- 100 g Scamorza-Käse
- 8 weiße Spargel, gekocht
- Mehl zum Bestreuen der Röllchen
- 2 Eier

Weiteres

- Öl zum Braten
- 200 ml Tomatensauce
- Olivenöl zum Garnieren
- 8 Schnittlauchkartoffeln, tourniert und gekocht
- Salbeiblätter, in Butter gebraten, zum Garnieren

etwa 8 Minuten

Zubereitung

- Truthahnschnitzel mit dem Schnitzelklopfer klopfen, leicht salzen und pfeffern und eine Rohschinkenscheibe in die Mitte legen.
- Scamorza-Käse in Längsstücke schneiden, mit einem halbierten Spargel (Spitze und Stange) auf den Rohschinken legen und einrollen.
- Die Röllchen mit Mehl bestreuen, überschüssiges Mehl abklopfen.
- Die Röllchen durch die aufgeschlagenen Eier ziehen.
- In einer Pfanne Öl erhitzen und die Truthahnröllchen darin rundum hellbraun braten.

Fertigstellung

- Die Röllchen auf Tomatensauce mit Olivenöl und Schnittlauchkartoffeln anrichten, mit Salbei garnieren und servieren.

TIPPS

1. *Anstelle des Truthahns verwenden Sie Huhn- oder Kalbsschnitzel.*
2. *Sie können auch Mozzarella oder Fontina in die Röllchen geben.*
3. *Servieren Sie anstelle der Schnittlauchkartoffeln Kartoffelpüree dazu.*
4. *Zu den Truthahnröllchen passen sehr gut Blattspinat und gedünstete Zucchini.*

Spargelcremeeis mit Erdbeeren und Balsamico

FÜR 4 PERSONEN

Spargelcremeeis

200 g	weißer Spargel
400 ml	Milch
100 ml	Sahne
150 g	Zucker
1 EL	Glukosesirup
50 ml	Orangensaft
1 EL	Grand Marnier

Weiteres

400 g	Erdbeeren
30 g	Staubzucker
2 EL	Grand Marnier
2 EL	Balsamicoessig
4	Schokoladengarnituren
4	Zitronenthymianzweige zum Garnieren

Spargelcremeeis

- Spargel schälen und in dünne Scheiben schneiden.
- Milch, Sahne, Zucker und Spargelscheiben aufkochen und etwa 10 Minuten ziehen lassen.
- Glukose, Orangensaft und Grand Marnier dazugeben, im Mixer fein mixen und durch ein feines Sieb passieren.
- Die Masse abkühlen lassen und in der Eismaschine gefrieren lassen.

Fertigstellung

- Erdbeeren putzen und in Viertel schneiden.
- Staubzucker mit Grand Marnier und Balsamicoessig verrühren, damit die Erdbeeren leicht marinieren und in Glasschüsseln geben.
- Erdbeeren mit einer Nocke Spargelcremeeis, Schokoladengarnitur und Zitronenthymianzweigen servieren.

TIPPS

1. *Anstelle der Erdbeeren passen sehr gut Himbeeren, Walderdbeeren oder Johannisbeeren.*
2. *Zum Spargelcremeeis passen auch Orangensalat oder Avocadosalat sehr gut.*
3. *Glukosesirup bekommen Sie in jeder Konditorei. Das Eis wird mit dem Glukosesirup cremiger; man kann ihn aber auch mit Zucker ersetzen.*
4. *Verwenden Sie für dieses Dessert einen Aceto Balsamico Tradizionale.*

Spargel-Rhabarberkompott mit Mascarpone gratiniert

FÜR 4 PERSONEN

Zutaten

200 g	weißer Spargel
200 g	Rhabarber
100 ml	Wasser
2 EL	Grand Marnier
20 ml	Zitronensaft
50 g	Zucker
1 EL	Butter

Gratinmasse

130 g	Mascarpone
20 g	Staubzucker
15 g	Speisestärke
1	Eigelb
1	Eiweiß
30 g	Zucker

Weiteres

Minzeblätter zum Garnieren

Spargel: etwa 12 Minuten
220 Grad
etwa 3 Minuten

Zubereitung

- Spargel schälen, in 1 cm lange, schräge Stücke schneiden.
- Rhabarber putzen, die Fäden an den Seiten abziehen und ebenfalls in 1 cm lange, schräge Stücke schneiden.
- Wasser, Grand Marnier, Zitronensaft, Zucker und Butter aufkochen lassen und die Spargelstücke darin 12 Minuten leicht kochen lassen.
- Rhabarber dazugeben und weitere 7 Minuten ziehen lassen.

Gratinmasse

- Mascarpone mit Staubzucker, Speisestärke und Eigelb in einer Schüssel verrühren.
- Eiweiß mit Zucker zu Schnee schlagen.
- Die Masse noch einmal umrühren und dann den Eischnee vorsichtig unterheben.

Fertigstellung

- Nun das Spargel-Rhabarberkompott mit etwas Saft in tiefe Teller geben.
- Die Gratinmasse darauf verteilen und im Salamander (oder im stark vorgeheizten Backrohr) überbacken, mit Minzeblättern garnieren und sofort servieren.

TIPPS

1. *Anstelle des Rhabarbers können Sie Erdbeeren verwenden oder halb Erdbeeren, halb Rhabarber.*
2. *Servieren Sie ein Vanilleeis oder Joghurt dazu.*
3. *Das Spargel-Rhabarberkompott muss nicht unbedingt gratiniert werden.*

Sennereigenossenschaft ALGUND Algund, Mitterplars 29 Tel. 0473 44 87 10 www.sennereialgund.it	PARTYSERVICE CREAFOOD Lana, Bozner Straße 78 Tel. 338 7 43 34 87 www.creafood.it	BRAUEREI FORST AG Algund, Vinschgauer Straße 8 Tel. 0473 26 01 11 www.forst.it
GRAMM AG Bozen, Bozner Boden, Mitterweg 14 Tel. 0471 97 63 44 www.gramm-spa.it	KÜPPERSBUSCH Kurtatsch, Weinstraße 3 Tel. 0471 88 01 73 www.kueppersbusch.it	MILA · MILKON SÜDTIROL Bozen, Innsbrucker Straße 43 Tel. 0471 451 111 www.mila.it
MINUS Kurtatsch, Etschweg 9 Tel. 0471 80 88 08 www.minus.it	BAR · KÜCHE · WÄSCHEREI Tel. 0471 96 86 00 www.niederbacher.it	PIRCHER BRENNEREI Lana, Bozner Straße 17 Tel. 0473 55 80 00 www.pircher.it
PLANK Brixen, Alfred-Ammon-Straße 29 Tel. 0472 83 66 90 www.tischlerei-plank.it	A. RIEPER AG Vintl, B.-v.-Guggenberg-Straße 6 Tel. 0472 86 79 00 www.rieper.com	FREIWILLIGES KONSORTIUM FÜR DEN SCHUTZ DER WEINPRODUKTION VON ST. MAGDALENA - BOZEN ST. MAGDALENER ein Klassiker unter Südtirols Weinen
HOTEL SCHÖNBLICK · Fam. Amort Rodeneck, Gifen 143 a Tel. 0472 45 41 41 www.schoenblick.com	KAFFEERÖSTEREI SCHREYÖGG Partschins, Cutraunstraße 62 Tel. 0473 96 77 00 www.schreyoegg.com	SENONER Bozen, Weggensteinstraße 36 Tel. 0471 97 42 43 www.senoner.net

Kleines Küchenlexikon

Typische Küchenfachausdrücke

Kochen ist eine Kunst, die eine eigene Sprache besitzt. Vieles ist nur für Profis verständlich, doch die einschlägigen Grundbegriffe sollte auch der Laie kennen.

Aufschäumen	Suppen oder Saucen zu schaumiger Konsistenz rühren oder mixen
Butter klären	Butter bei niedriger Temperatur vorsichtig kochen, Schaum abschöpfen, überkühlen, durchsichtige Flüssigkeit ohne den Bodensatz abgießen (Butterschmalz)
Bozner Sauce	Eier-Öl-Schnittlauchsauce
Carpaccio	rohes, dünn Geschnittenes vom Fleisch, Fisch oder auch Gemüse; ursprünglich rohes, mariniertes Fleisch, meist Filet, in sehr dünne Scheiben geschnitten
Crêpes	hauchdünne Pfannkuchen, ungesüßt oder gesüßt
Crevetten	anderer Ausdruck für kleine Garnelen
Croûtons	geröstetes Weißbrot, aber auch Schwarzbrot in Würfel (zum Bestreuen von gebundenen Suppen und von Salaten)
Dämpfen	schonende Garmethode über Wasserdampf oder Brühe
Dünsten	Garmethode in wenig Flüssigkeit
Eierguss, Guss, Royal	Bezeichnung für ein Ei-Milch-Gemisch
Frittata	pikant gewürzter Eierkuchen/Eieromelette
Gröstel	geröstete Kartoffelscheiben
Reduzieren	einkochen
Salamander	ein Gargerät zum Überbacken bis zu 300 Grad, nur mit Oberhitze

Ländertypische Bezeichnungen

Immer kommt es auch innerhalb der deutschsprachigen Länder zu Missverständnissen und Verwechslungen aufgrund von ländertypischen Bezeichnungen. Die Erklärung zu den undurchschaubaren Begriffen finden Sie in nachstehender Übersicht.

Südtirol/Österreich	Deutschland
Balsamico	Balsamessig
Eidotter	Eigelb
Eiklar	Eiweiß
Espuma	Schaum
Farfalle	Schmetterlingsnudeln

Südtirol/Österreich	Deutschland
Mascarpone	Frischkäse
Palatschinken	Crêpes
Pochiertes Ei	Verlorenes Ei
Scampi	Kaisergranat
Topfen	Quark

Terlan
Sauvignon
klassisch
Kellerei Terlan
Sauvignon
klassisch

Register

Stichwörter mit roten Seitenzahlen befinden sich im Rezeptteil. Stichwörter mit **schwarzen** Seitenzahlen befinden sich im Abschnitt »Wissenswertes«.